云南

四季旅行

《亲历者》编辑部 编著

中国铁道出版社有限公司
CHINA RAILWAY PUBLISHING HOUSE CO., LTD.

春

游赏花，
看尽云南春色

2月春已暖，花已开，一切都像刚睡醒的样子，欣欣然张开了眼。春天把油菜的金黄色洒向2月的罗平，把粉色涂在2月的昆明，春城上下，繁花似锦。丽江告诉你，春天是一簇簇盛开的映山红；坝美告诉你，春天是烂漫山花，薄雾妖娆。

夏

来避暑，共度盛夏好时光

夏天清澈湛蓝的洱海让人沉醉，丽江古城的晚风撩动你我的心弦，普者黑的荷花散发出清香。夏天的云南正处于雨季，阵性降雨给云南带来了清新凉爽。此时节来云南避暑，能不忆云南？

秋

深意浓，
徜徉绝美秋色里

夏天悄悄过去，金黄的银杏叶悄然飘落。秋天的云南更加多彩，
银杏村的黄、东川的红、泸沽湖的蓝让人如临仙境。秋高气爽，
天高云淡，沐浴着温暖的阳光，欣赏这人间绝色。

冬

日暖阳，谱写冬天的韵律

冬天的云南仍然温暖如春，这个季节红土地的油菜花已经开了，元阳梯田的水已经满了，大山包的黑颈鹤已经来了，怒江大峡谷的水已经静了。冬天，云卷云舒的云南有一千张面孔，来云南吗？

序｜言

云南是一个花的世界，四季在这里只剩下春天，用"七彩云南"来描述云南这片土地是最合适不过的。春夏秋冬为云南加上了许多颜色，红色的红土地、黄色的银杏村、蓝色的泸沽湖、绿色的香格里拉大草原……总有人为云南时时刻刻的阳光和蓝天而来，或是为云南的高山和峡谷而来。云南，总有令人流连的理由。

春季到云南，一定不能错过一场与花的芳香约会。从大观楼的郁金香花展，到圆通火红盛开的樱花，再到罗平的油菜花、大理的山茶花等，勾勒出一幅幅多彩的闹春图，让人目不暇接。当然，除了看花，还可以来云南吃花。在云南，几乎每一种可食之花都与一道菜谱联系着。来云南如果不吃一顿花卉菜，那就算白来了。玫瑰鲜花饼、菊花过桥米线、芭蕉花炒肉、凉拌棠梨花、清炒油菜花等都是不可多得的美食。

夏季的云南，犹如一个避暑天堂。昆明天很高很蓝，空气清新，有山有河。轿子雪山高山草甸色彩缤纷，湖泊如珍珠般散落在山上，七彩瀑布飞流直下，一派野趣天成。大理的盛夏，依然能在苍山的背阴处看到冰雪，可以逛古城、看三塔、观蝴蝶泉、夜游洱海。丽江更是清凉宜人，韵味十足。而此时前往香格里拉，一定不要忘了提前准备一两件外套，这里的夏季最怕的不是热，而是冷。

秋季是云南最美的季节，在不经意的细节中，每个人都会找到属于自己的柔软和绵长。腾冲古银杏村一地金黄，行走村中，不经意间，银杏叶洒满一身，与夕阳的余晖融为一体。金灿灿的元阳梯田，规模宏大，气势磅礴。昆明植物园红叶飘飞，适合久居都市的人们去放松心情，呼吸新鲜空气。东川红土地远远看去，就像上天涂抹的色块，色彩绚丽斑斓。泸沽湖葱郁的树木，如画般翠绿，水天一色，清澈如镜。

冬季来云南，可以观数以万计的候鸟，赏最丰满迷人的雪山美景，到西双版纳感受没有丝毫凉意的冬日。在昆明，红嘴鸥是冬季最为亮丽的一道风景。翠湖公园、海埂大坝、大观楼、盘龙江沿线、滇池沿岸等都是观鸥喂鸥的好地方。滇西北雪山群峰连绵，气势磅礴，令人心醉神迷。在西双版纳，可以去原始森林转转，再去野象谷耍耍，看看奇特的植物、美丽的孔雀，还有威武的大象等。

本书季节篇，便于快速了解什么季节、什么月份游玩什么景点最合适。主题篇、区域篇，对知名景点进行了分区域介绍，便于快速确定旅游目的地，并配有实用的交通、美食、购物、住宿信息，让出行无忧。若想在最美的季节遇见最美的云南，那就带上这本书出发吧！

目 | 录

主题篇 量身定制的深度体验

区域篇 每个地方都有 12 种美丽面孔

你好，云南

季节篇

每个月

都有自己的精彩

十里不同天，四季不同景，选择对的时间、对的季节，才能看到最美的风景，看到最美的云南。

2月

花开寒意远

2月，云南气候好，热爱旅行的人们不但可以欣赏云南的美景，还可以体验丰富多彩的民族风俗。2月末是罗平油菜花开得最旺盛的时候，此时的罗平坝子便是荡漾着清香的金色海洋。2月中下旬是昆明樱花开放的时候，圆通山的樱花林是国内长势最好、形态最美的樱花树林之一，几百株樱花竞相开放，灿若霞海。

2月亮点1
[罗平油菜花海]

每年2月中下旬，万亩油菜花竞相开放，罗平犹如一片金色的海洋。旺季时观景的人很多，最好6点之前到达。

📍 位置：曲靖市，罗平县

2月亮点2
[元阳梯田]

2月中旬，是元阳梯田最美的时候，这时不仅能看到水满梯田，还能观赏一年中罕见的云海。来这里主要是看梯田壮美的日出日落和哈尼族村寨的独特风情。

📍 位置：红河州，元阳县，哀牢山南段

2月亮点3
[陇川目瑙纵歌节]

目瑙纵歌节是景颇族最盛大的传统节日，规模十分宏大。农历正月十五的时候景颇族会有目瑙纵歌，村村寨寨都要举办目瑙纵歌。届时，会有很多人踩着同一个鼓点起舞，震撼力极强。

📍 位置：德宏州，陇川县

2月亮点4
[怒江大峡谷]

2月的怒江大峡谷并不是那么寒冷，江水碧绿和缓。白日里的阳光会让行走的人感到温暖，这时节适合去大峡谷观美景，还可以参加附近傈僳族特有的澡堂会。

📍 位置：怒江州，泸水市

2月亮点5
[九龙瀑布群]

每年2月下旬到3月下旬，是九龙瀑布水最清澈的时候，可以在高处远眺，壮观景色尽收眼底。

📍 位置：曲靖市，罗平县

2月亮点6
[拉市海]

每年都会有十几万只候鸟来拉市海过冬。2月是来拉市海观鸟的最佳时间，清晨和傍晚是鸟儿最多、湖上景色最美的时段。

📍 位置：丽江市，玉龙县，拉市镇

赏花 3 日游

推荐理由：想要在寒冷的冬日里感受到春天的气息吗？那就来云南吧，春节前后，灌满水的梯田倒映着碧蓝的天空，早开的油菜花已经迫不及待地在向人们招手，带上家人，带上朋友，在艳阳高照的天气里一起来云南聆听目瑙纵歌，感受不一样的风情吧。

DAY 1　昆明

第一天停留在昆明，上午可以去斗南花市逛一逛，斗南是全国最大的鲜花市场之一，这里的鲜花价格便宜，买一大束鲜花给自己，既浪漫又有意义。下午来到位于北郊的圆通山，2 月的圆通山上有着大片的樱花，落英缤纷，美不胜收。晚上可以尝尝云南的特色美食——过桥米线，晚上就留宿昆明。

DAY 2　昆明 ┈┈▶ 罗平 ┈┈▶ 油菜花海

第二天早上从昆明出发，前往**罗平**。每年的2月到3月，连片的万亩油菜花在这里竞相怒放，从无到有，再到满眼金黄。可以穿上鲜艳的衣服，带上油菜花编织的花环，穿梭在花海里，拍美美的照片。也可以站在观景台俯瞰金色花海。晚上可以品尝布依族的五色花米饭。

DAY 3　罗平 ┈┈▶ 金鸡峰丛 ┈┈▶ 九龙瀑布

第三天可以起早前往**金鸡峰丛**看日出，清晨的雾气缭绕在数百个形状浑圆的岩溶山丘之间。下午可以前往附近的**九龙瀑布**，九龙瀑布一年四季美景不断，瀑布群沿着九龙河随着不同的山势下跌，形成高低宽窄不等、形态各异的十级瀑布，春季到这里赏落花流水，是一种风雅至极的体验。

3月

春暖游古城

◎洱海 ◎丽江古城 ◎滇池 ◎翠湖公园
◎元谋土林 ◎普者黑

3月，云南春暖花开，气温回升，阳光暖暖地晒在身上，到处都是春天生机勃勃的景色。这时候最适合来云南的古城感受阳光，阳光灿烂的午后在古城里喝茶晒太阳，别有一番风味。还可以漫步束河古镇的小径，随处可见纳西族错落有致的民居房舍，能让人感受到一股浓郁的文艺气息。

3月亮点1

[洱海]

3月的苍山还有积雪，苍山背面是满山的杜鹃花，苍山脚下的大理大学还有粉红的樱花。登上苍山还可以俯瞰优美的洱海、大理古城风光。

◎ 位置：大理州，大理市

3月亮点2

[丽江古城]

丽江古城是茶马古道上最著名的城镇之一，每年二月初八，纳西族的人们会在此举办三多节，节日上会有唱歌跳舞、古乐演奏等活动。

◎ 位置：丽江市，古城区

3月亮点3

[滇池]

3月的昆明气候温和、宜人，可以在滇池北端的大观公园内，乘坐游船游览滇池风光。也可以去西山俯瞰滇池，观西山玉兰园的玉兰花。

◎ 位置：昆明市，西山区

3月亮点4

[翠湖公园]

翠湖公园是昆明市内逛公园的首选。
3月的昆明百花盛开，翠湖公园内的郁
金香也是一道美丽的风景。月初还能亲
近公园内的红嘴鸥。

 位置：昆明市，五华区，翠湖南路

3月亮点5

[元谋土林]

元谋土林是《无极》《千里走单骑》等
著名电影的取景地。3月来元谋土林也
是个不错的选择，土林千奇百怪的沙雕
泥塑和诡异的地质地貌，构成了这座令
人神往的艺术殿堂。

 位置：楚雄州，元谋县

3月亮点6

[普者黑]

每年初春的普者黑都让人眼前一亮，一
望无际的桃园里桃花盛开，乘着小船荡
入湖中深处，但见青山绿水。

 位置：文山州，丘北县

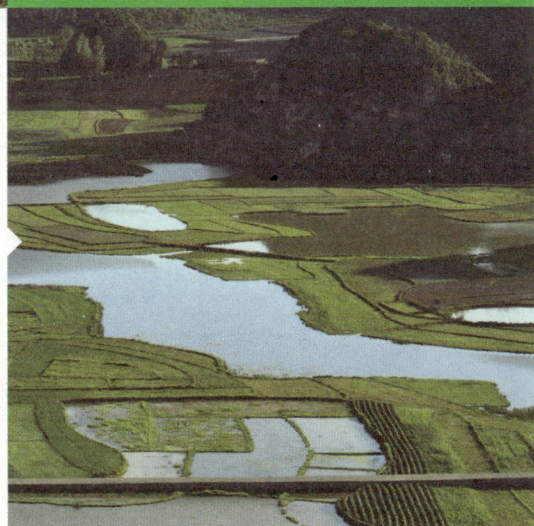

休闲度假 4 日游

推荐理由：3 月的云南是气候最适宜的时候，就只是在昆明的大街上闲逛也不失为一个好的选择，还可以去逛一逛丽江古城，潺潺的流水声中伴随着商贩的吆喝，别有一股生活气息。找个机会还可以在洱海边环湖骑行，将一切美景尽收眼底。

DAY 1　翠湖公园 ······▶ 滇池 ▶ 西山

　　第一天在昆明游览，上午前往翠湖公园，翠湖公园是一座城市公园，位于昆明城市中央。春季，翠湖堤畔垂柳拂面，岛上亭台楼阁，将翠湖点缀得秀丽清新。公园附近有云南讲武堂旧址、云南大学等景点，可一并游玩。下午前往滇池，可沿着滇池东岸的观景路走走，路对岸就是西山，旁边就是海埂公园，海埂公园里有去往西山的索道，乘坐索道直达西山龙门，站在龙门上，可以直接俯瞰滇池风光。

DAY 2　昆明 ······▶ 大理古城

　　第二天上午从昆明坐高铁到大理古城，3月的大理最为绝色，春光明媚，花季正好。白天可以逛逛九隆居步行街，这里藏着不少特色店铺，可以淘些有特色的小东西。夜间前往位于人民路的特色酒吧，有些店里还有驻场歌手或者游人的即兴演出。

DAY 3　大理古城 ······▶ 洱海

　　第三天上午前往洱海，3月的洱海，天蓝水清，花开满城，正是旅拍好时候。白天可以在洱海的东面逛一逛，这里有著名的双廊、挖色、小普陀，还可以看到对岸的苍山。然后在这边找一间客栈住下，傍晚可以看日落，晚上透过落地大窗，看看繁星满天的夜空，是一件极为美妙的事情。

DAY 4　洱海

　　第四天早上租一辆自行车，环绕洱海骑行，如果计划环绕整个湖的话建议选择电动车，乘船游览也是不错的选择。一路上与蓝天相伴，和洱海相依，可尽情感受洱海的美妙。

4月

暖阳玩泼水

◎西双版纳傣族泼水节 ◎大理古城 ◎丽江古城 ◎坝美村 ◎轿子雪山 ◎普洱

4月，春意盎然，阳光、微风、花香，一切都是那么美妙。生活在西双版纳的傣族人是中国西南地区一道亮丽的风景，西双版纳不仅是北回归线上美丽的绿洲，也是傣家人的乐土。4月前往西双版纳，不仅能免费参观和参加泼水节，更能观赏属于热带雨林气候的别样风光。

4月亮点❶

[西双版纳傣族泼水节]

每年的4月中旬是傣历的新年，这时节西双版纳气温适合，一定不要错过这里的泼水节。而且春天的西双版纳，大象四处游走，水果遍地，这片土地魅力十足。

📍 位置：西双版纳州，景洪市

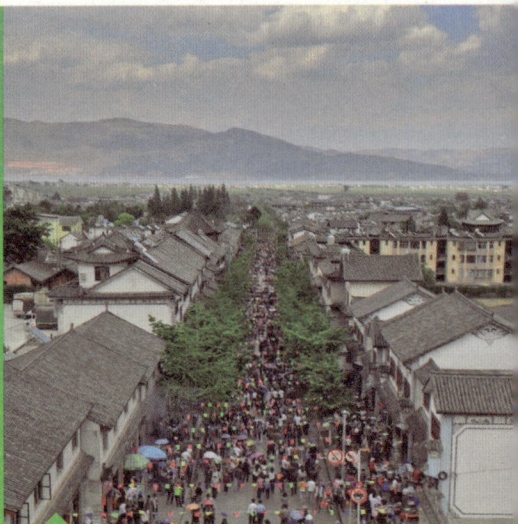

4月亮点❷

[大理古城]

"大理三月好风光"，农历三月是来大理的好时节。古城的三月街盛会不容错过，如果这时候去大理，正好可以凑个热闹。

📍 位置：大理州，大理市

4月亮点❸

[丽江古城]

4月的风是轻的，阳光是暖的，来到丽江古城，找一家客栈，可以安静地发呆晒太阳，彻底放空自己，让阳光洒进心里。

📍 位置：丽江市，古城区

4月亮点4
[坝美村]

"最是人间四月天"，春到坝美欣赏这一世外桃源般的美景是一种享受，农历三月三的赶花街是广南壮族的节日活动，不容错过。

◎ 位置：文山州，广南县

4月亮点5
[轿子雪山]

每年4月，轿子雪山的杜鹃花开始绽放，不同的色彩一层层如海潮般涌动，姹紫嫣红交映成片。杜鹃花一般集中在山腰处，不到山顶也可观赏。

◎ 位置：昆明市，禄劝县，乌蒙乡

4月亮点6
[普洱]

"茶都"普洱最美的是那一望无际的茶田，无数古老的茶园，悠久的茶马古道遗址，4月来此一定不虚此行。

◎ 位置：普洱市，思茅区

西双版纳 3 日游

推荐理由：云南一年四季处处是景，阳春四月最为绝色。在最适合的时间，随便找一个古城，晒晒太阳，喝喝茶，和当地的人聊聊天。轿子雪山的花开了，普洱的茶园正是一片青绿，一起来感受城市以外的生活体验吧。

DAY 1　昆明 ·····▶ 景洪

从昆明乘飞机前往西双版纳首府景洪。4 月的西双版纳菩提树吐绿，凤凰花怒放，正值云南傣族的泼水节，当地人、游客都聚在街头互泼。可以走上街头，尽情地泼洒幸福。晚上可以边品尝傣族风味佳肴，边欣赏西双版纳首府景洪市的的夜景。

DAY 2　景洪 ·····▶ 野象谷 ·····▶ 热带植物园

体验过泼水节之后第二天上午可以去当地的野象谷游玩。野象谷是亚洲野象频繁光顾的地方，来野象谷主要是看热带雨林和大象表演。漫步在林中的小道上，感受原汁原味的热带雨

林风光，运气好还可看到象群出没。下午前往**热带植物园**，热带植物园的看点在西区，由多个小的植物园组成；东区是大片原生态的热带雨林，适合徒步穿越。

DAY 3　　景洪 ·······▶ 普洱 ·······▶ 娜允古镇

第三天前往**普洱**。普洱因普洱茶名扬天下，这里全年温暖如春，可以骑马走一走茶马古道，亲身感受普洱的风土人情。下午可以前往附近的**娜允古镇**，品尝傣族特色美食，体验慢生活。

5月

旅游天堂季

◎泸沽湖 ◎老君山
◎东川红土地 ◎北海湿地
◎建水古城 ◎普达措

一直以来，云南都是很多人向往的旅游天堂。云南的5月是个宜人的季节，云贵高原气候让杜鹃花点亮了苍山，千湖山开满杜鹃，就仿佛是一幅瑰丽的画卷。只要靠近香格里拉必经之路上的小中甸，必定会被它的花海所惊艳。这个季节的云南为游客提供了无限选择。

5月亮点 1

[泸沽湖]

5月的泸沽湖幽深静谧，这个季节来泸沽湖，第一眼就会醉于这水色之蓝。这里有湖光山色的格姆女神山，风景如画的里格岛，花两天时间沿湖徒步绝对值得。

📍 位置：丽江市，宁蒗县，泸沽湖镇

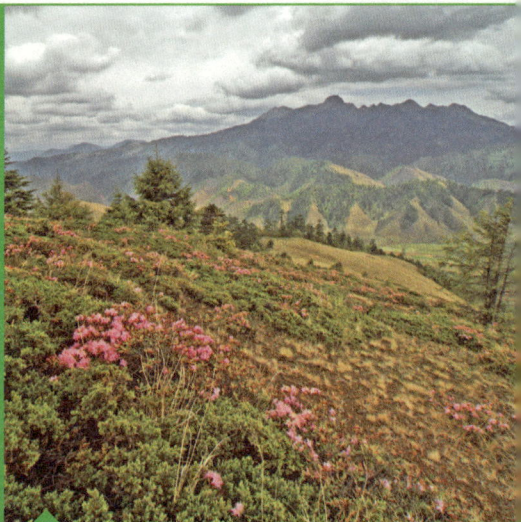

5月亮点 2

[老君山]

每年5月，老君山杜鹃花盛开，加上绿荫绵绵的高山草甸及山间游走的牛羊群，和着丹霞地貌，构成了一幅动人的诗画。

📍 位置：丽江市，玉龙县

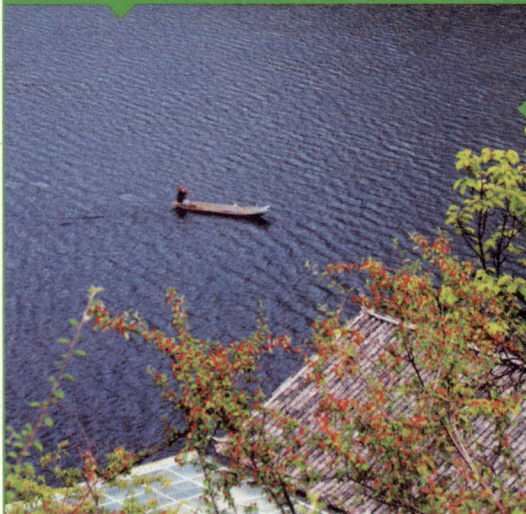

5月亮点 3

[北海湿地]

5月的北海湿地遍地盛开着紫色的北海兰，犹如五彩缤纷的巨型花毯。来到兰花的世界，可以租一双水鞋去"踩草"。

📍 位置：保山市，腾冲市，北海村

5月亮点4
[普达措]

5月的普达措是杜鹃花的海洋，这里有大片大片的杜鹃花，来到这里可以呼吸新鲜的空气，沐浴和煦的阳光，观赏艳丽的杜鹃。

♀ 位置：迪庆州，香格里拉市，双桥

5月亮点5
[东川红土地]

5月的东川红土地很适合拍摄，这时节油菜花开了，一部分红土地翻耕待种，另一部分红土地种满青稞、小麦，远远看去色彩斑斓。

♀ 位置：昆明市，东川区，花石头村

5月亮点6
[建水古城]

建水古城是一座有着深厚历史的文化名城，城内有50余座保存完好的精美古建筑，随意走走就很好。每周末，文庙里都有古乐演出，上下午各一场。

♀ 位置：红河州，蒙自市，建水县

丽江休闲 4 日游

推荐理由：5 月，夏暑初至，大自然将调动人们所有的感官。走进泸沽湖，如同进入一个神秘世界，可以徒步或骑单车环湖，或者去东川红土地饱览一场视觉盛宴，还可以坐船看清晨日出，听一曲壮族山歌，或是参加村寨的赛衣节，一定会乐而忘返。

DAY 1 昆明 ┈┈┈▶ 丽江古城

从昆明出发前往丽江，丽江是一座没有城墙的古城，5月的丽江春光明媚，穿上花花绿绿的裙子、舒适的帆布鞋，可以在青石板的小道上溜达，也可以在客栈外面的藤椅上闭眼小憩。晚上有时间的话可以去看一场《印象·丽江》演出，听悠扬的纳西古乐，看极富民族特色的表演，绝对是难忘的体验。

DAY 2 丽江古城 ┈┈┈▶ 束河古镇 ┈┈┈▶ 泸沽湖

第二天上午可以去古城区的木府看看，木府是历代丽江木氏土司的府邸，里面的建筑很有特色。时间充裕的话可以去逛逛束河古镇，古镇依山傍水，后山就是玉龙雪山的余脉，屋舍错落有致，巷道间流水潺潺。下午动身前往泸沽湖，晚上在泸沽湖边找一家客栈，徜徉在泸沽湖的美景中。

DAY 3 泸沽湖

5月的泸沽湖山花烂漫，正是好春光。徒步或骑单车是体验泸沽湖的好方式，途中还可以到摩梭人家里参观祖母屋，喝茶、聊天。泸沽湖畔的摩梭村寨，每晚都要举行篝火晚会，晚上可以去凑凑热闹。

DAY 4 泸沽湖

第四天早上坐在猪槽船上，看一场属于泸沽湖的日出，可以看到湖边从暗到明的整个过程，蓝色的湖面和金色的太阳交织在一起，嬉戏的水鸟和游人相映成趣。

6月

端午避喧嚣

6月，夏季来临，可以来云南找个氛围安静、风景优美的地方暂避城市的喧嚣。民风淳朴的雨崩村景色优美，犹如世外桃源。芒宽是高原上的「大榕树之乡」，有茂密幽深的原始森林、迷人的田园风光、诱人的民族风情。这个季节的云南整个基调都是安静的、惬意的。

6月亮点1

[东川红土地]

6月，红土地土壤里的铁质经过氧化慢慢沉积下来，逐渐形成了炫目的红色，此时土豆花开，小麦成熟，景色优美。

♀ 位置：昆明市，东川区，花石头村

6月亮点2
[香格里拉赛马会]

每年端午节，香格里拉都会举行赛马节，人们齐聚在宽敞的草坪上，观看各地骑手的精彩表演。这个时候香格里拉是最漂亮的，格桑花满山遍野，牦牛花间静静吃草。

📍 位置：迪庆州，香格里拉市

6月亮点3
[泸沽湖]

6月来泸沽湖，清晨湖水上下天光浑然一色，夜晚还有热闹的篝火晚会，摩梭少男少女们都换上了最艳丽的盛装，手牵手尽情地载歌载舞。

📍 位置：丽江市，宁蒗县，泸沽湖镇

6月亮点4
[丽江古城]

6月丽江的天气以晴天为主，偶有零星小雨，可以在丽江街头走一走，感受每一块砖的气息，看看这里的风土人情，了解这里发生的故事。

📍 位置：丽江市，古城区

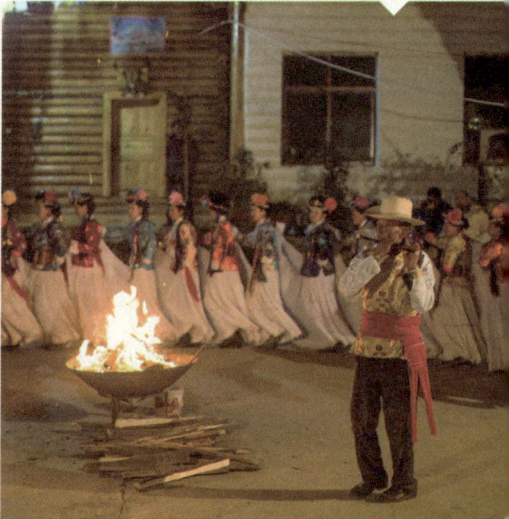

6月亮点5

[尼汝]

6月，尼汝绿草茵茵，溪水潺潺，漫山遍野百花盛开，在这个色彩最绚丽的季节，闯入号称"世界第一村"的尼汝是一种享受。

◎ 位置：迪庆州，香格里拉市

6月亮点6

[元谋土林]

每年6月中旬，正是杨梅成熟的季节。这时可以邀约亲朋好友一起去元谋看土林，体验亲手摘杨梅的惬意。

◎ 位置：楚雄州，元谋县

6月亮点7

[哀牢山]

哀牢山的茂林、溪涧、山花、迷雾、古道无不令人心旷神怡，6月山花烂漫，绿树成荫，景色最为优美。

◎ 位置：玉溪市，新平县

邂逅色彩 3 日游

推荐理由：云南是一个充满魅力和神秘色彩的地方，6 月的云南依旧美丽撩人，可以造访古城的大街小巷井泉河桥，看泸沽湖的水草飘摇，在普者黑的荷塘里尽享撒欢的乐趣，穿越尼汝寂静的山林，给自己的身心放个假。

DAY 1   昆明 ·······▶ 元谋土林

从昆明出发前往元谋土林。土林里到处都是高耸的土柱，在阳光的照射下，土柱中夹杂的石英、玛瑙闪闪发光，还可以亲手去土林摘杨梅。晚上可以在土林住一晚，仰望浩瀚的星空，是一种绝美的体验。

DAY 2   元谋土林 ·······▶ 昆明 ·······▶ 东川红土地

第二天早上可以早起，在元谋土林看看日出。之后从元谋回昆明，然后包车前往东川看红土地。6月麦子成熟期间，土地被农作物分割成一个个色块，每块土地都有不同的颜色，是名副其实的天然调色板。

DAY 3   东川红土地

红土地是摄影爱好者的天堂，如果想要拍摄落霞和日出的话，建议在花石头村住宿，村里多为农家客栈。朝霞适合在打马坎观赏，傍晚时分到落霞沟拍落日。

7月

夏荷别样红

◎普者黑 ◎抚仙湖 ◎和顺古镇 ◎光
禄古镇 ◎异龙湖 ◎巍山古城

7月是荷花盛开的季节。普者黑万亩野生的荷花形态各异，散发出淡淡清香，异龙湖也因为有荷花而变得瑰丽动人。微风拂过白水塘的湖面，摇曳的荷花在水中舞动。趁阳光正好，空气正清新，去云南来一场旅行吧。

7月亮点① [普者黑]

7月，如梦似幻的普者黑宛若人间仙境，蜿蜒曲折的水道环绕于莽莽青山间，千亩荷花铺在水面，亭亭玉立。荡舟穿行其间，清香扑鼻，令人陶醉。

◉ 位置：文山州，丘北县

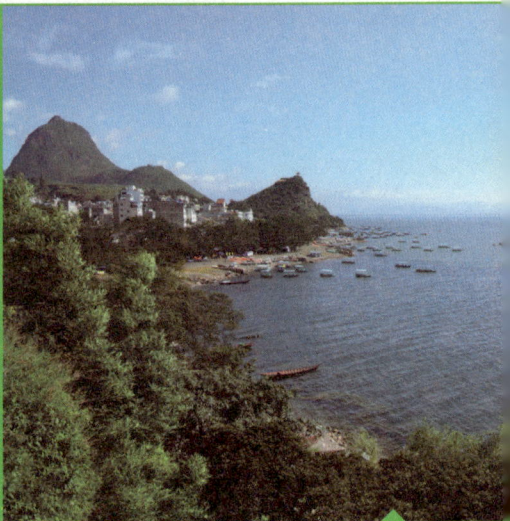

7月亮点② [抚仙湖]

清可见底的抚仙湖在这个炎炎夏日能带来一丝清凉，这里可游泳、晒日光浴，可以登高望远感受苍穹、看日出日落。

◉ 位置：玉溪市，江川区

7月亮点③ [和顺古镇]

和顺古镇四面青山环抱，建筑环山而建，村前绿水环绕，夏季堤外荷塘飘香，稻浪泛金波，雅趣盎然。

◉ 位置：保山市，腾冲市

[光禄古镇]

姚安县光禄古镇古建筑众多，历史悠久，整个古镇建筑呈"坤"字形。每年荷花盛开的时候，这里会举办荷花节赏花大会，可以游古镇吃美食。

○ 位置：楚雄州，姚安县

[异龙湖]

盛夏7月，异龙湖畔万亩的荷花远近闻名，可以泛舟穿梭于荷花塘中，和满地的荷花来个亲密接触，还能品尝船家准备的"荷花宴"。

○ 位置：红河州，石屏县

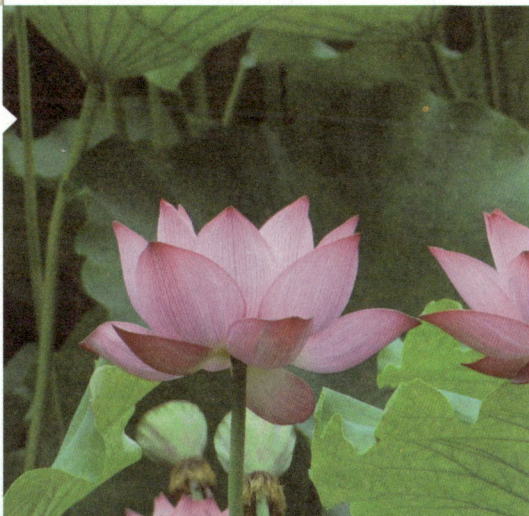

[巍山古城]

巍山古城街道，依旧是明清时期的样子，比较完好地保存着明清时的棋盘式建筑格局。7月来此，可以参加当地的火把节，感受别样的民族风情。

○ 位置：大理州，巍山县

清凉一夏 5 日游

推荐理由：太阳越过浅浅的云层，折射下一米金色的阳光，那丝丝的温暖，洒满整个人间。而夏天的风儿，踏着季节的山歌，带着驿动的心，悄悄地闯进我们的生活。一阵清凉的风掠过碧绿的水面，总有亭亭玉立的身影向你招手，催促你出发。

DAY 1　昆明 ┈┈➤ 抚仙湖

从昆明出发前往抚仙湖。抚仙湖面积很大，沿湖分布着好几个小景区，风光优美。可以随意去湖边散步享受自然风光，是一个放松心情的好地方。时间充裕的话，可在此住一晚。

DAY 2　抚仙湖 ┈┈➤ 笔架山 ┈┈➤ 普者黑

第二天早上可以沿着湖边散步，也可以在栈道上跑步，如果起雾的话抚仙湖会有一种高原湖泊独有的神秘感。爬上旁边的笔架山，还可以俯瞰抚仙湖和禄充村，记得拍照哦。下午出发前往普者黑，晚上就住在普者黑村。农历六月是这里的火把节，可以亲历一场狂欢。

DAY 3 普者黑

第三天早上出发去看荷花，7月的普者黑千亩荷花绽放，弥漫整片湖面。此时乘一叶小舟穿行在荷叶间，轻舟拨开层层荷叶，仿佛穿梭在诗画世界里。还可以体验一下打水仗的乐趣。

DAY 4 普者黑

第四天早上去青龙山看日出，观景台上可以看到景区内的村庄、田园、湖泊，日出时阳光从云缝间漏下，水面反射出纯净的光芒。吃过早饭可坐船游览普者黑的溶洞。普者黑有很多溶洞，溶洞中石钟乳、石笋、石柱琳琅满目。

DAY 5 普者黑 ┄┄▶ 坝美

第五天从普者黑前往坝美，坝美云雾缭绕的山、波光粼粼的水、争奇斗艳的花，足以满足你对世外桃源的所有想象。可以在此体验一番田园慢生活，感受最自然的田园风光。

8月

舒适避暑游

○香格里拉 ○丽江古城 ○大海草山 ○建水古城 ○九乡溶洞 ○西双版纳

8月的云南成为一个避暑胜地。香格里拉特有的高海拔带来了一丝清凉，广阔天地间，清凉从眼睛发起，自心中溢出。大理"四时之气，常如初春，寒止于凉，暑止于温，只有温凉之更迭，无寒暑之巨变。玉溪夏天的天气很怡人，天高地阔，很舒畅。

8月亮点❶
[香格里拉]

8月间，避开如潮的人群，把自己放逐在自然的香格里拉，听风的呼唤、鸟的鸣叫、流水的声音，聆听自己的心声，这是真正的香格里拉。

📍 位置：迪庆州，香格里拉市

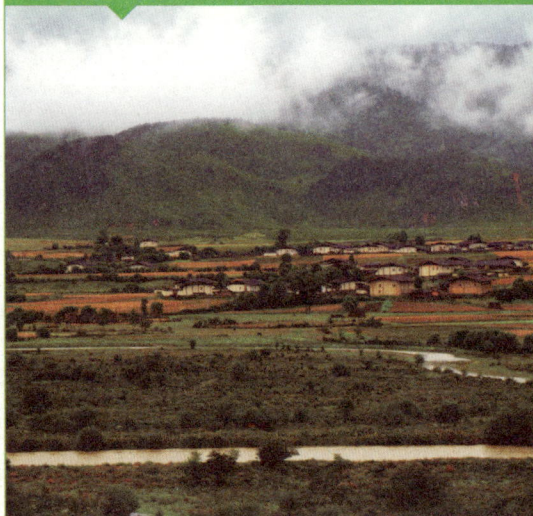

8月亮点❷
[丽江古城]

农历七月，气候舒适，虽然是雨季，但是纳西族的七月一定会让你不虚来到丽江古城，除了交易骡马，各地农民还纷纷携带土特产品到会上出售。场内演戏，场外赛马，热闹异常。

📍 位置：丽江市，古城区

8月亮点❸
[大海草山]

夏天的大海草山，放眼望去所能看到的都是满眼的翠绿。去草山上，呼吸清新的空气，枕着青草，听着潺潺的水声，在薄凉的夜里，做一个美好的梦。

📍 位置：曲靖市，会泽县大草海乡东南部

8月亮点4

[建水古城]

建水有着小城的静谧、舒适和悠闲。街道无处不透着古朴风韵，恬静而怡然。每年8月8日这里还会举行燕窝节，现场热闹非凡。

♀ 位置：红河州，蒙自市，建水县

8月亮点5

[九乡溶洞]

夏日前往九乡溶洞可划船乘凉，溶洞里面很凉爽，有各式各样的钟乳石，在五彩的灯光照映下更加美丽。

♀ 位置：昆明市，宜良县，九乡

8月亮点6

[西双版纳]

8月来西双版纳，眼睛所及之处尽是充满活力的绿色，俗世红尘、疲劳身心都会被抛却于九天之外。

♀ 位置：西双版纳州

香格里拉避暑 4 日游

推荐理由：云南的夏季，依然是个好季节。昆明四季如春，大理虽说错过了春日热闹的风情，但美丽依旧。丽江，随时都有气息迷人的美景和阳光。

DAY 1　昆明 ·····▶ 丽江 ▶ 虎跳峡 ▶ 白水台

　　从昆明飞丽江，然后从丽江出发，直接上到中虎跳峡，沿途可以看到哈巴雪山和金沙江峡谷。可以徒步穿越中虎跳峡，结束以后走路赶往白水台。白水台有一片看起来像是白色梯田的华台。晚上在白水台住宿，可以伴着村边流淌的溪水声入睡。

DAY 2　白水台 ·····▶ 香格里拉 ▶ 松赞林寺 ▶ 独克宗古城

　　第二天前往香格里拉，先逛逛香格里拉周边，在古镇停车场坐公交车便可直达松赞林寺。松赞林寺占据了整个山头，视野极佳，远处的雪山映入眼帘。下午回市区，在独克宗古城内逛一逛，也可以去古城内的龟山公园和月光广场游玩。晚上可以吃一顿纯正的藏族晚餐，品尝一下牦牛火锅和酥油茶。

DAY 3

独克宗古城 ----→ 普达措 ----→ 香格里拉

第三天上午前往普达措公园。8月正值夏季，其他地方酷热难耐，普达措却是一片清凉世界。属都湖湖水清澈碧蓝，湖畔是一片绵延的高原牧场，沿湖建有步行栈道。从公园出来后的路边是霞给民俗生态文化村，村里主要是展示藏族民俗文化的民间作坊，欣赏之余，可以适当购买中意的小物件。晚上回香格里拉，住在香格里拉市区。

DAY 4

香格里拉 ----→ 纳帕海

第四天乘车前往不远的纳帕海，它是当地最大最美的湖沼草原，夏天纳帕海水草丰美，羊、牛、马成群吃草。雪山下的高原草甸、坝子和湖水，在阳光下无比灿烂。最好租个自行车，骑行纳帕海，感受香格里拉田园牧歌；或是策马奔腾，看尽红尘花落。下午回香格里拉市区。

9月

初秋访古韵

从第一朵菊花绽放开始，云南的秋天也就来了。9月的云南秋高气爽，就像清晨一缕透过窗纱的光，是一种美好的存在。秋季的云南五彩缤纷，这淡妆浓抹下的云南，会给你一个出其不意的惊喜。去云南走走，一定别有风味。

9月亮点 ①

[泸沽湖]

9月，泸沽湖浅水处茂密的芦苇随风荡漾，
湖畔盛开有大片大片的格桑花。水天一色，
格桑花点缀其间，岸边停靠的猪槽船更增添
一份宁静。

◎ 位置：丽江市，宁蒗县，泸沽湖镇

9月亮点2

[雨崩村]

雨崩村是一个神奇的地方，行走其间有飘飘然之感。9月的雨崩色彩斑斓，没有雨季的困扰，没有泥泞的道路，美得无与伦比。

◉ 位置：迪庆州，德钦县

9月亮点3

[建水古城]

每年9月28日为孔子文化节，可以去感受建水古城尊孔崇儒的风气，还可以去井边打水，感受当地人的生活。

◉ 位置：红河州，建水县

9月亮点4

[双廊]

双廊紧靠碧波荡漾的洱海，并可远眺苍山十九峰。在双廊住上一段时光，任凭柔软的时光从指尖流走，让灵魂在此做一次深呼吸。

◉ 位置：大理州，大理市

9月亮点5
[小中甸花海]

9月的风吹进香格里拉的时候，小中甸草原的颜色就开始悄悄地改变了，黄灿灿的狼毒花变成了鲜红的狼毒花，绿色的草原变成了金黄的草甸，美得惊心动魄。

○ 位置：迪庆州，香格里拉市

9月亮点6
[菌子山]

菌子山因盛产野生菌而得名，境内群峰叠翠，溪河纵横。秋游菌子山，闲步在蜿蜒的小道上，夕阳的余晖从树叶的间隙细碎地洒落下来，赏叶、摘野果，别有一番乐趣。

○ 位置：曲靖市，师宗县

9月亮点7
[沙溪古镇]

每年农历七月二十七日至二十九日沙溪的石宝山会举行歌会，每逢此时白族青年男女云集石宝山，弹唱白族情歌。

○ 位置：大理州，剑川县

大理精华 4 日游

推荐理由：站在 9 月的门槛，眺望秋季的美丽，朴实深重的秋色更让人沉醉。这里的每一寸都美得醉人，在这片土地上，有神秘圣境香格里拉，有古朴的沙溪，有艳丽的泸沽湖。站在秋天的田野看秋天的景色，一切都是那么赏心悦目。

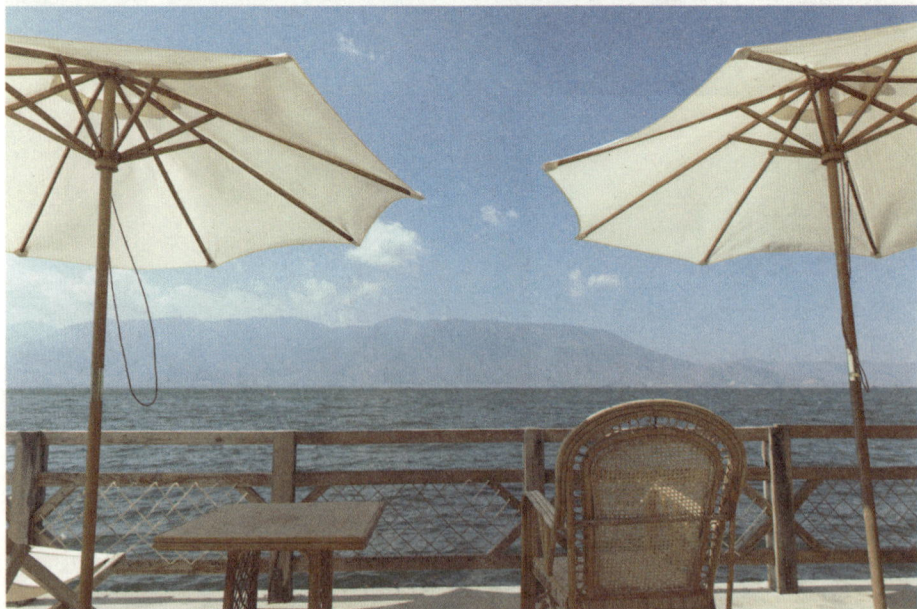

DAY 1　昆明 ┄┄▶ 师宗 ┄┄▶ 菌子山

　　从昆明出发经过师宗县，到达菌子山。菌子山境内群峰叠翠，溪河纵横，珍奇异木遍布山野。在初秋季节前往的话可以摘野果、赏秋叶，景区里面有很多树长在石缝里，木栈道两边都是苔藓。闲步在蜿蜒的小道上，遇见最美秋色。夜宿师宗县城。

DAY 2　师宗 ┄┄▶ 昆明 ┄┄▶ 大理古城 ┄┄▶ 双廊

　　回昆明转道大理，到了之后前往古城北边的崇圣寺，崇圣寺是大理国时期的皇家寺院。寺院里有三座塔，造型与西安小雁塔相似，聚影池是拍摄三塔倒影的最佳地点。崇圣寺里有许多来祈福的人，登高可以远望洱海，回望苍山。下午前往洱海边的双廊，傍晚泛舟湖上，看光影激滟，晚上可以在洱海边仰望星空。

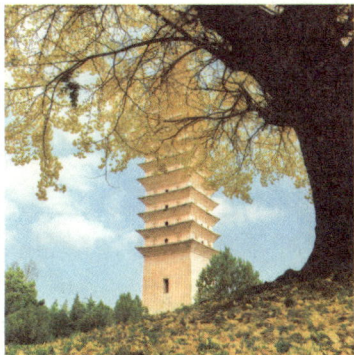

DAY 3　双廊 ┄┄▶ 挖色

　　第三天早上醒来，看洱海边朝阳升起。然后骑行前往挖色镇，挖色镇是白族古建筑最多的地方。小普陀就位于挖色镇的海印村，是一个很小的小岛，上面建有供奉观音的小阁，感兴趣的可以乘船前往。夜宿挖色镇。

DAY 4　挖色 ┄┄▶ 沙溪古镇 ┄┄▶ 石宝山

　　第四天上午前往沙溪古镇，这里保留了当年茶马小镇的风貌。上午可以去兴教寺逛逛，里面的壁画和雕刻值得细细品味。或是在寺登街上漫步，走过黑惠江畔的古石桥，享受安静与惬意。下午可以去石宝山，这里有石窟、寺庙，还有丹霞地貌可看。

10月

黄叶碎如金

◎东川红土地 ◎固东银杏
◎喜洲古镇 ◎纳帕海
◎元阳梯田 ◎昆明植物园

金秋十月，天气清凉，大地逐渐披上了一件金色的外衣，金黄也自然而然地成为这个季节的主色调，走在堆满落叶的小路上，随风飘落的树叶，满眼的金黄，无处不在诉说着丰收季的喜悦。闻着稻香，枕着枫叶，这个季节带来别样的惊喜。

10月亮点❶

[东川红土地]

进入10月以后，成片的油菜花、火红的泥土、优美的线条和变幻莫测的光线，在蓝天白云的映衬下，东川变得更加色彩斑斓。

⚲ 位置：昆明市，东川区，花石头村

10月亮点❷

[固东银杏]

十月金秋，黄的不只是稻田，还有银杏。腾冲固东银杏村的房前屋后黄叶纷飞，漫步村中小巷，不经意间银杏叶就会洒满一身。

⚲ 位置：保山市，腾冲市，固东镇

10月亮点❸

[元阳梯田]

10月正是元阳梯田水稻的成熟季，金黄色的水稻从山脚延伸至高山上，宛如一片金黄色的坡海，翠绿的草木在云雾间躲着迷藏，别有一番韵味。

⚲ 位置：红河州，元阳县

10月亮点4

[昆明植物园]

秋天的昆明植物园里，成片的红色枫叶和满地的金黄，有种说不清的浪漫情怀，恰似唐代诗人杜牧的"停车坐爱枫林晚，霜叶红于二月花"的诗情画卷。

◎ 位置：昆明市，盘龙区

10月亮点5

[喜洲古镇]

喜洲古镇满是浓郁的白族风情。古镇附近有一个海舌半岛，秋天是海舌半岛一年当中最美的季节，蓝蓝的天空飘着朵朵白云，半岛上的树叶变成了金黄色，令人心醉。

◎ 位置：大理州，大理市

10月亮点6

[纳帕海]

10月的云南秋意已浓，纳帕海畔草原一片金黄，远山如黛，皑皑雪峰倒映于湖泊之中。登临西北山上的古寺遗址，别有一番风情。

◎ 位置：迪庆州，香格里拉市

寻访秋色 4 日游

推荐理由：秋天到了，秋雨带走了炎热，秋风送来了凉爽，落叶随风而去，天空被白云擦拭得更加高远。在这个舒适安逸的季节，有海舌的天高云淡、昆明的红叶斑斓、固东的银杏金黄。当各种色彩罗列于眼球之中，才会发现，原来秋天的云南是如此的魅力四射。

DAY 1　昆明植物园

10月的昆明步入了金秋季节，昆明植物园有4000多种植物，每到深秋季节，枫香大道上红枫似火、黄叶飘飞，成了五彩斑斓的世界。10月，枫香大道还会举办枫叶节。植物园里有一个扶荔宫，是亚洲最大的玻璃温室，里面有很多热带植物。

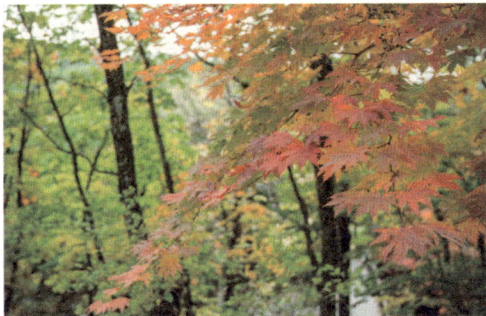

DAY 2　昆明 ┈┈▶ 腾冲 ┈┈▶ 和顺古镇

从昆明直飞腾冲，和顺古镇位于腾冲城西边不远处，是著名的侨乡。古镇建筑环山而建，村里有许多明清时期的祠堂、牌坊、古宅，可以感受沧桑古镇的侨乡文化。古镇内的各种小吃，寸氏豆粉、蔺大妈松花糕都有着岁月的味道，可以找个饭馆品尝一下美食。和顺古镇面积不小，建议选一家中意的客栈在镇上住宿一晚。

DAY 3　和顺古镇 ┈┈▶ 固东银杏村

睡到自然醒，然后沿着古镇蜿蜒的巷子，去逛逛和顺图书馆。图书馆里藏有很多古籍，还有诸多文化大家的题字，从这里走一圈都感觉自己沾染了一点书卷气。下午可以观光寸氏宗祠，然后前往固东，晚上可以宿在银杏村。

DAY 4　固东银杏村

固东是腾冲北部的重镇，村里有万株连片的江东古银杏林，金秋时节是固东镇最美的时候。所有的银杏都变成金黄色，房前屋后，黄叶纷飞。可以在村内四处散步，穿街过巷。

11月

秋末观日出

日出是大自然给人类最美的馈赠，最美抵不过那一抹晨光的诱惑。11月，不如来云南相约一场日落。有时间和心爱的人一起去滇池、草海等一次日出，洱海边的日出同样让人恨不得醉死在其中，梅里雪山日出时「日照金山」的奇观更是让人叹为观止⋯⋯只待你来。

11月亮点 **1**

[会泽念湖]

每年 11 月，大批水鸟来念湖过冬。静寂的山峦、深深的湖水、红色的土地、灵动的候鸟，如同展开了一幅动感的画卷。

⚲ 位置：曲靖市，会泽县

11月亮点 **2**

[梅里雪山]

11 月初前后是游览梅里雪山的最佳时期，此时天气晴朗，常能看到"日照金山"的美景。如果能在飞来寺烧香台拍到"日照金山"，一定会永生难忘。

⚲ 位置：迪庆州，德钦县

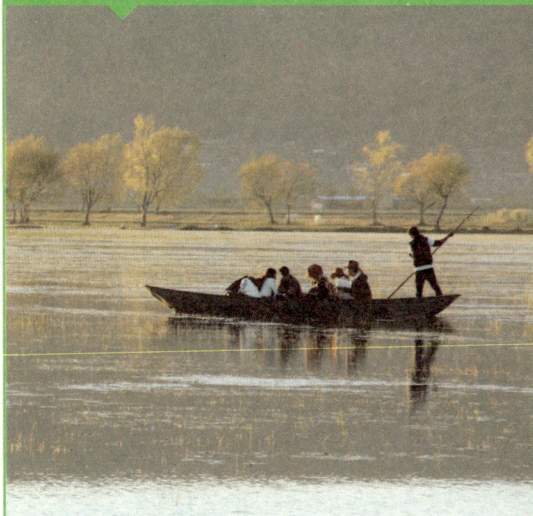

11月亮点 **3**

[洱海]

洱海风光旖旎，日落美丽动人。抽一天时间住在洱海畔，看一场洱海日出，远望苍山，会发现大理的另一种美。

⚲ 位置：大理州，大理市

11月亮点④
[腾冲热海]

在寒冷的冬天，泡在热气腾腾的腾冲温泉里，一边吃大滚锅煮出来的特色温泉蛋一边欣赏美景，简直美翻了。

◎ 位置：保山市，腾冲市

11月亮点⑤
[泸沽湖]

11月也是一个适宜欣赏泸沽湖美景的季节，天气正好，阳光正好，风光也刚刚好。草海变成了金黄色，泛舟在草海中，欣赏着山水胜景，让人心旷神怡。

◎ 位置：丽江市，宁蒗县，泸沽湖镇

11月亮点⑥
[滇池]

11月的滇池是红嘴鸥的天下。迁徙来昆明越冬的红嘴鸥，在海埂大坝附近大量聚集，观赏红嘴鸥的同时还可以给它们喂食。

◎ 位置：昆明市，西山区

梅里雪山 4 日游

推荐理由：迈入 11 月的云南，同样能俘获人心。来云南，赏花赏鸟赏日落，赏红黄斑斓的南国树叶。滇池的红嘴鸥已经来到，洱海的日落在等着你，腾冲的温泉静待你来，何不前往云南来一次美的享受？

DAY 1　滇池 ·····▶ 云南民族村

滇池又称昆明湖，湖面烟波浩渺，可以在湖边漫步或乘船游湖。11 月的时候红嘴鸥已经飞来了，既能观赏又能投喂。还可以顺路到海埂公园北侧的云南民族村游玩一番，感受民族风情。

DAY 2

昆明 ----▶ 香格里拉 ----▶ 梅里雪山

从昆明直飞香格里拉，然后乘车前往梅里雪山，路上经过金沙江月亮湾，行车路中能望见白马雪山，之后经过雾浓顶。下午到达飞来寺，在此地住宿，方便第二天看日出。

DAY 3、4

飞来寺 ----▶ 雨崩村 ----▶ 神瀑 ----▶ 香格里拉

早上起早点，去飞来寺观景台看日照金山的胜景，当然这是要凭运气的，一定要记得拍照哦。用完早餐以后可以前往雨崩村，雨崩村是梅里雪山脚下古朴原始的藏族村寨，从雨崩村出发前往神瀑的路要好走一些。神瀑的水量不大，下面是一片石滩，可以走到瀑布底下，按照藏族的传统顺时针绕瀑布走三圈祈福。然后返回雨崩村，在雨崩村住一晚，次日返程香格里拉市区。

12月

雪山美如画

◎ 怒江大峡谷 ◎ 无量山樱花谷
◎ 玉龙雪山 ◎ 翁丁村 ◎ 西双版纳
◎ 澄江温泉

12月最为壮美的莫过于高山雪景，「大雪压青松，青松挺且直」，雪山之行是很多人的旅行梦想。云南冬日的高山雪景尤为雄美壮丽，梅里雪山的冰川瀑布犹如一条银鳞玉甲的游龙，玉龙雪山在霞光普照下五彩缤纷。来云南，足起必将落进一个梦幻的仙境。

12月亮点1

[怒江大峡谷]

乐于探险的人们都偏爱怒江大峡谷，徒步怒江、穿越丙中洛，听上去就让人心动不已。如果在 12 月来到此地，会发现那奔流不息的怒江也变得沉静下来。

◊ 位置：怒江州，泸水市

12月亮点2

[无量山樱花谷]

12 月对于无量山的樱花来说，春天才刚刚开始，那一簇簇粉红色的樱花宛若粉色的云朵。晨雾初生时，漫步云雾缭绕的千亩茶园，仿佛置身于油画中。

◊ 位置：大理州，南涧县，无量镇

12月亮点3

[西双版纳]

12 月的西双版纳最适合避寒，傣家风情和特色美食就足以吸引人们的注意。来的路上如果经过普洱，还能观赏到清新优雅的茶园。

◊ 位置：西双版纳州，景洪市

12月亮点 4

[玉龙雪山]

12月的玉龙雪山银装素裹，俊秀透彻，高耸入蓝天。冰天雪地里，玉龙雪山总有一种洗涤心灵的美丽，让人义无反顾地前往。

◎ 位置：丽江市，玉龙县

12月亮点 5

[翁丁村]

翁丁村落周围自然景观优美，整个寨子都是干栏式的竹木房子，朝阳背山，错落有致。在早晨的阳光照耀下，可以看到云海在脚下翻腾，村寨就在这云雾中若隐若现。

◎ 位置：临沧市，沧源县

12月亮点 6

[澄江温泉]

澄江的野温泉池子不大，晚上在这里可以一边泡脚一边"看月亮数星星"，再来点啤酒烧烤，很有意思。而且澄江和温泉相邻，还可以跳进澄江游泳。

◎ 位置：玉溪市，澄江市

怒江 6 日游

推荐理由：一年四季始于春而终于冬，跨过秋的萧瑟，我们迎来了冬天。云南虽说无"千里冰封，万里雪飘"的北国风光，却有很多终年积雪的雪山，无量山的冬樱此时开得正灿烂。在这寒冬季节，来云南看雪、赏花，或许是别的地方无法体会的美妙感受。

DAY 1　　昆明 ┈┈┈▶ 大理 ┈┈┈▶ 无量山

从昆明坐车前往大理，转往无量山。每逢 12 月，无量山樱花谷碧绿的茶园中间盛开着粉红的樱花，构成迷人仙境，美丽至极。天气晴好的时候可以坐在樱花树下看蓝天白云、嗅茶叶的清香。早上日出前后与傍晚时分，是拍照的黄金时间。

DAY 2　　无量山 ┈┈┈▶ 大理 ┈▶ 六库 ┈▶ 福贡 ┈▶ 老姆登村

从无量山回大理，先坐车前往六库，然后前往福贡，福贡的老姆登教堂是怒江峡谷里最大的一座教堂，建在悬崖边一块相对平坦的土地上，是一个红白相间的房子。青砖墙，红漆木窗，白铁皮屋顶，简单而朴素。晚上可以在老姆登村休息一晚。

DAY 3

老姆登村 ┈┈➤ 福贡 ┈┈➤ 贡山 ┈┈➤ 丙中洛

第三天早上回福贡县城，坐班车前往贡山，之后前往丙中洛村，晚上住在丙中洛。

DAY 4

贡当神山

早上吃过早饭以后可以前往贡当神山上的观景台，这里是欣赏怒江第一湾的最佳位置。怒江第一湾是怒江大峡谷的标志性景观，冬季时，碧绿江水环绕半岛，四周雾气氤氲，仙境一般。

DAY 5

丙中洛 ┈┈➤ 雾里村 ┈┈➤ 秋那桶村

第五天上午赶往雾里村，雾里村是一个宁静的小山村，在茶马古道上，顺着茶马古道一直走就可以到达。只有在清晨的时候可能会看见雾，感兴趣的话拿起照相机对着蓝天白云、古村建筑，随手一拍就是一张绝美的风景大片。吃过中饭以后前往秋那桶村，夜宿秋那桶村。

DAY 6

秋那桶村 ┈┈➤ 贡山

第六天上午可以逛逛秋那桶村，秋那桶村是整个怒江大峡谷中的精华部分，有众多瀑布和茂密的原始森林。村子周围风景秀丽，两侧的雪山银装素裹，怒江江水碧绿和缓，原始森林五彩斑斓，可以在此感受一次慢生活，体验田园生活的乐趣。下午就可以回贡山了。

1月

悠闲度暖冬

◎大山包 ◎元阳梯田 ◎丽江古城 ◎鸡足山
◎宣威 ◎松赞林寺

1月寒风瑟瑟，云南这片高原土地，漫山遍野银装素裹，古道边苍老的古树，炊烟袅袅的村庄，汇成了一幅浓墨重彩的画卷。

这是这个冬季旅游的最佳去处，在被无数艺术画笔描绘过后，"云南"二字，似乎就像歌声一样悦耳。悦耳的南方，动人的景象，温暖的去处。

1月亮点1

[大山包]

每年冬季，大批的野生黑颈鹤便会从北方飞到大山包，在这里度过一个漫长的冬天。冬季白雪皑皑，黑颈鹤在这里起舞，俨然成为南方的小东北。

◉ 位置：昭通市，昭阳区

1月亮点2

[元阳梯田]

1月的元阳梯田已经灌满了水，这里的日出日落与云海雾气的瞬息万变带给我们不同的感受。不过，它们造就的仙境，任谁都会记忆深刻。

◉ 位置：红河州，元阳县

1月亮点3

[丽江古城]

1月的丽江最是淡然，古城内清水如昔，冬日里暖意融融的阳光仍在，白云依旧笼罩着雪山。丽江古老的纳西族民居、质朴的小巷石街在等你欣然而来。

◉ 位置：丽江市，古城区

1月亮点4

[鸡足山]

佛教名山鸡足山上有很多珍贵古迹、古老的庙宇，建议在山上金顶寺住宿一晚。天气好的时候，在金顶寺可远望苍山洱海，甚至还能看到丽江的玉龙雪山。

◉ 位置：大理州，宾川县，鸡足山镇

1月亮点5

[宣威]

每逢1月，宣威家家户户都纷纷宰杀自家精心饲养的年猪，只要有人来到就会热情接待。宣威杀猪饭更是一场亲朋好友的聚会，边吃肉，边喝酒，边玩游戏，不亦乐乎。

◉ 位置：曲靖市，宣威市

1月亮点6

[松赞林寺]

1月，松赞林寺的格冬节如期举行。晚上住在村落里，可围坐火塘边唱歌边跳舞，心情十分舒畅。

◉ 位置：迪庆州，香格里拉市

赏鹤 3 日游

推荐理由：对于云贵高原上的人们来说，冬季仍然可以休闲地感受冬日的暖阳，幸福地度过这个懒洋洋的冬天。在云南这片高原土地上，独特的生态环境、气候资源以及重要的地理位置，吸引着大量鸟儿前来栖息，于是寻找温暖的"候鸟游"成了热门。

DAY 1 `昆明` → `昭通` → `大山包`

直接从昆明飞昭通，然后坐车前往大山包，大山包是一个自驾游的理想之地，景区一大片绿绿的草地上点缀着几匹牛马，零散地分布着几个小湖泊。领略草原风光最好的地方是仙人田草山，在那里可以跑跑马，或者躺在草原上欣赏碧草蓝天。晚上住在大山包景区附近。

DAY 2 `大山包` → `大海子` → `鸡公山` → `昭通`

第二天早上去大海子看日出，日出时分会有上千只黑颈鹤在水边起舞，迎着朝阳，飞往周边地区觅食。山上还有一些当地居民卖烤鸡蛋和烤土豆，不妨尝一尝。吃过早饭以后如果想观云海、看日落，可以前往鸡公山大峡谷。下午回昭通市区。

DAY 3 `昭通` → `会泽` → `念湖`

第三天坐车前往会泽，会泽的念湖是一个只适合冬季来的地方，1月念湖的黑颈鹤还没有飞走，清晨太阳还未升起时，大量的黑颈鹤在湿地中睡眠。冬季的念湖会下雪，雪中的念湖又是另外一番景色。然后返程昆明。

赏花　　　　　火把节　　　　　古镇　　　　　摄影　　　　　春节

主题篇

量身定制

的深度体验

山峦、湖泊、古城、巷道。在波光闪动的湖畔酒店醒来，或在泸沽湖的环湖徒步，或在苍山轻嗅杜鹃。在云南，能找到无数种方式深度体验，只要找对玩法。

A 赏花

踏青不负好春光

又是一年春来到，处处桃红柳绿的景致，诱惑着人们投身于自然中尽情放纵。春日的云南还未摆脱冬日的严寒，但漫山遍野的春花却将「冰封」了一个冬季的心再度点燃。金黄的油菜花、艳丽的山茶、纯洁的梨花、五彩的郁金香等争相斗艳。在繁花盛开的春天，人们或散步，或踏青，或郊游，追寻的是春天的脚步，享受的是春花的乐趣。

赏花去处① [罗平]

春季，罗平的油菜花漫山遍野，郁郁葱葱，辽阔无垠。324国道、南昆铁路从花海中横贯而过，罗平城在花海中沉浮，成为一座金色大海中的岛屿。

◎ 最佳观赏时间：2月中旬至3月中旬

赏花去处② [云南大学]

"海棠映日"一直是云南大学著名景点之一，春季遍布东陆园各处的垂丝海棠怒放，满园繁花似锦，随处可见一朵一朵粉红色的云，微风拂过，会落下片片花瓣雨。

◎ 最佳观赏时间：2月至3月

赏花去处③ [昆明植物园]

昆明植物园精心打造了"海棠大道"，长400米，共种植了320株垂丝海棠。这是目前昆明垂丝海棠集中列植数量最多的环形"海棠大道"。

◎ 最佳观赏时间：2月至3月

赏花去处 4

[大理古城]

"云南山茶甲天下，大理茶花冠云南"。在大理古城闲逛，无论是在石板小巷，还是在深宅大院、平民住家，都可以发现路上有各种茶花喷火吐霞，绽放不止。

◎ 最佳观赏时间：1 月至 3 月

赏花去处 5

[呈贡万溪冲]

洁白的花瓣、飘飞的细雨、层叠的花海、清新的空气、芬芳的泥土……这些如诗一般的美丽景致只有呈贡万溪冲才特有。

◎ 最佳观赏时间：2 月到 3 月

赏花去处 6

[新平]

滇樱花颜色鲜艳，花团硕大。新平磨盘山国家森林公园是中国最大的森林樱花园之一。

◎ 最佳观赏时间：2 月底到 3 月底

赏花去处 7

[圆通山]

每年的 2 月中下旬，是昆明樱花开放的时间。登临圆通山，漫步在春风沉醉的圆通路，一串串花朵犹如铃铛悬满枝头，车流驶过，满地花瓣飞舞，温情而烂漫。

⚲ 最佳观赏时间：2 月中下旬到 3 月上旬

赏花去处 8

[武定狮子山]

狮子山景区种植着一株牡丹，历经 700 年风风雨雨，年年绽开粉面桃腮，花如皇冠，曾被中央电视台称为"中国牡丹之最"。

⚲ 最佳观赏时间：3 月至 5 月

赏花去处 9

[大观公园]

大观公园里，郁金香在阳光下随风摇曳其身姿，红、粉、白、黄，甚至黑郁金香……无论哪种颜色都能令观者欣喜。

⚲ 最佳观赏时间：2 月到 3 月

赏花去处 10

[昆明郊野公园]

昆明郊野公园内有 20 多个品种、7 个花色、上万株桃花。桃花娇艳欲滴，待花开之时，异常艳丽。

⚲ 最佳观赏时间：2 月到 3 月

注意事项

1. 云南春季气温多变，根据天气变化注意防寒保暖；注意均衡膳食，增强自身免疫力。

2. 在旅游景点和风景区参观、旅游时，尽量避免接近动物。研究发现，不少疾病都与动物传播有关。

3. 去滇东北、滇西北，一定要带上感冒药，做好预防，因为天气变化大。去滇西、滇南、滇中，就要带上防蚊虫的东西了。

4. 云南美食，酸、甜、苦、辣样样具备，但以酸辣为主，所以吃不惯酸辣的朋友，注意肠胃，备点胃药。

5. 春天百花争艳，有过敏史的游客，要尽量回避花繁之处，也可事先口服抗过敏药物，以预防花粉过敏。

6. 春光明媚，正是摄影爱好者进行创作的好时机。出游之前，最好先仔细检查一下照相机的性能，途中千万不要让照相机受潮，以免错过美丽春色。

7. 登山下坡，切勿迎风而立，避免受凉。春游时，如在外野炊野餐，要注意饮水和饮食卫生；不要坐在阴凉潮湿的地方，以免受潮致病；野炊时要注意风向，不要随便丢弃火种，余火熄灭，以免引起火灾。

8. 云南民族众多，去哪里玩，要提前查阅相关资料，注意尊重当地的风俗习惯。

B 火把节

◎ 楚雄彝族火把节 ◎ 大理白族火把节 ◎ 丽江纳西族火把节

东方的狂欢节

火把节是云南彝族、白族、纳西族、基诺族、拉祜族等民族古老而重要的传统节日，被称为「东方的狂欢节」。云南楚雄州、峨山县、禄劝县、昆明石林、云南民族村、大理、丽江等地先后会举办一系列庆祝活动。节庆期间，各族男女青年除秽求吉或唱歌、跳舞、赛马、斗牛、摔跤；或举行盛大的篝火晚会，彻夜狂欢。

[楚雄彝族火把节]

楚雄的火把节，包含了彝族的火崇拜、原始崇拜以及歌、舞、乐等诸多文化现象，绽放出独特的诱人魅力。

在火把节的主要活动中，迎宾文艺晚会把彝族文化与现代元素有机结合，充分展示彝族文化魅力；祭火大典集中展示彝族传统习俗和火文化魅力，在城区各大广场由毕摩在六个祭火点同时举行统一规范的火把节原生态祭火仪式，配之以彝族祭祀舞蹈表演。

另外，火把节期间，楚雄将连续三天晚上在城区 5 个广场和紫溪彝村组织开展万人左脚舞狂欢活动，广场六个地点统一播放《左脚调》，不间断组织民间左脚舞队领跳，让游客群众围着火堆跳左脚舞狂欢。在玩的同时，还将在彝人古镇、紫溪彝村和彝海公园旁彝海大成三处地方开展彝族"羊汤锅"等特色美食展示活动，届时游客可尽情品尝彝家美食，感受彝族独特的饮食文化习俗。

体验地②

[大理白族火把节]

　　大理白族火把节于每年农历六月二十五日举行，白语称为"夫汪舞"，意为"六月狂欢"。在白族人心目中，它是仅次于春节的最隆重的节日。除了村寨竖大火把的集体活动，家家户户都要准备佳肴美食、各种节日用品，嫁出去的姑娘都要回娘家团聚。

　　节日当天，每个村寨或片区都要共竖一株大火把，砍好一棵五六丈高的火把树，通体用柴禾或竹子捆扎，插满五颜六色的小三角旗、红香，再挂上梨串、苹果、海棠等，称之为"火把果"。顶端还要饰以火把节的大型标志物——"连升三级"的"升斗"，上书"国泰民安""风调雨顺"等字样。"升斗"顶端彩旗飘飘，拱托着一支振翅欲飞的白鹤。竖火把之前，先由老人们以"三牲九礼"祭祀，行"三跪九叩"之礼。火把竖好后，暮色降临时，由德高望重的老人在唢呐鼓乐队的护送下从本主庙取来火种将火把点燃。

　　当熊熊烈焰升起之时，男女老少便载歌载舞绕着火把树转，孩子们争抢着烧落下来的火把果，意为迎祥纳福，青少年们个个手中舞起小火把，不断扑洒松香，飞出团团烈焰，互相追逐喷洒以示祝福，然后高举火把巡游田间。

[丽江纳西族火把节]

　　丽江纳西族的火把节依照古规从农历六月二十五日起，到农历六月二十七日结束。丽江火把节持续三天，纳西男女皆穿上节日盛装。纳西村寨白天有斗牛、赛马、摔跤、对歌、民族歌舞表演、上刀山下火海等丰富的风情活动，夜晚家家门口点燃大火把，还将火把高高插在粮架顶或树上，点燃小火把围着房屋转圈，烧掉蜘蛛网等脏东西，寓意辞旧迎新、红红火火。

　　靠山靠田的村子还要全村出动举着火把转山转田，场面蔚为壮观。城镇则家家把火把排在门前街上，一排排火把齐燃，大街小巷照得如同白昼。偶尔也有燃放烟花、放孔明灯等活动。小孩子举着火把游转跳火把，大人把火把集聚一起，围绕大火把载歌载舞，边唱边打跳，人流如潮，尽情狂欢。

火把节的传说

　　很早以前，天上有个大力士叫斯惹阿比，地上有个大力士叫阿体拉巴，两人都有拔山的力气。有一天，斯惹阿比要和阿体拉巴比赛摔跤，可是阿体拉巴有急事要外出，临走时，他请母亲用一盘铁饼招待斯惹阿比。斯惹阿比认为阿体拉巴既然以铁饼为饭食，力气一定很大，便赶紧离开了。阿体拉巴回来后，听母亲说斯惹阿比刚刚离去，便追了上去，要和他进行摔跤比赛，结果斯惹阿比被摔死了。天神恩梯古兹知道了此事，大为震怒，派了大批蝗虫、螟虫来吃地上的庄稼。阿体拉巴便在旧历六月二十四日那一晚，砍来许多松树枝、野蒿枝扎成火把，率领人们点燃起来，到田里去烧虫。从此，彝族人民便把这天定为火把节。

Ⓒ 古镇

偷得浮生半日闲

厌倦了城市的钢筋水泥混凝土，就愈加渴望亲近大自然。不如走一走古镇的石板路，听一听古镇的故事，看一看古镇的建筑，聊一聊家长里短。穿行在古镇的大街小巷，远离城市的喧闹和繁华，恍如穿越了时空。

◎ 丽江古城 ◎ 束河古镇
◎ 大理古城 ◎ 喜洲古镇 ◎ 和顺古镇
◎ 建水古城 ◎ 坝美村 ◎ 尼汝村

[丽江古城]

丽江古城淳朴而热闹，静谧而久远。在纳西客栈庭院的藤椅上闭眼小憩，将身心都交付给檐底的雀鸣，与舒适的阳光、满室的清风一起静待时光流逝。

[束河古镇]

束河古镇更显清幽，日光轻柔洒进青石板路，柳絮飘飞，砖红的木门陆续拉开，缓缓踱步于石板路上，看汨汨流水，流过小桥，流出古镇。

[喜洲古镇]

喜洲古镇有着整洁的街道、潺潺的流水、林立的商铺，商铺的远方，还有静谧的图书馆。可以踩着青石板，穿越古老的巷子，去寻找遗落在斑驳中的历史。

[和顺古镇]

马帮重镇和顺较丽江古城而言，显得更加宁静，可以一个人悠闲地在古镇里的小巷中穿梭，走过青石板街道。

[大理古城]

来大理，必去大理古城。白天逛逛复兴路，淘些民族特色的小物件；夜间前往洋人街，去看看特色酒吧里的演出，在酒杯和音乐间寻觅属于自己的快乐。

[建水古城]

建水古城古称临安，是个很具有历史文化底蕴的地方，这是一座生活节奏缓慢的小城，也是适合溜达、发呆的好地方。

[坝美村]

坝美村最美的时候是 2 月，早春 2 月的坝美河两岸尽是满眼的桃花红、梨花白，铺天盖地的菜花黄。来此可以体验一番田园的慢生活，感受最自然的田园风光。

[尼汝村]

尼汝村是个让人沉醉的地方，村的四周被青山包围，有很大一片原始森林。这里的天，蓝得深邃；这里的草原，绿得逼人。

D 摄影

云南行摄之旅

◎罗平油菜花◎东川红土地◎元阳哈尼梯田◎元谋土林◎抚仙湖◎腾冲银杏◎梅里雪山◎泸沽湖

身处如画的彩云之南，怎能不在照片中留下这份美好回忆？詹姆斯·希尔顿眼中的香格里拉，泼水节上傣族少女的彩色裙角，风情万种的丽江古城，还有罗平油菜花的金黄、东川红土地的嫣红，元阳梯田的葱绿、洱海的湛蓝，看到这些景色时，都会由衷地感叹：风景如画。

摄影片场 1

[罗平油菜花]

每年 1 月中旬，罗平的 80 万亩油菜花就会相继开放，一直持续到 3 月，放眼望去，是一片一望无际的金黄。登上金鸡峰丛，但见漫山遍野的油菜花铺天卷地，灿烂的阳光洒在田野中，泛起金色的光芒。

🟢 最佳观赏时间：2 月到 3 月

摄影片场 2

[东川红土地]

东川红土丘陵一望无际，在不同的季节呈现出不一样的景色，远远看去，五彩斑斓，衬以蓝天白云，尤为壮观。5 月，红色的土壤上长满了绿色的荞麦；9 月，荞麦和油菜花旺盛生长，红色与黄色夹杂，视觉效果特别好。

🟢 最佳观赏时间：5 月麦子成熟；9 月油菜花开；月犹有残雪

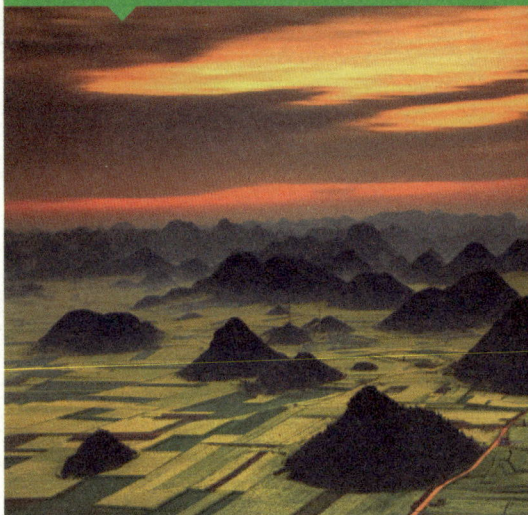

摄影片场 3

[元阳哈尼梯田]

元阳哈尼梯田位于红河南岸，梯田依地势层层相叠，非常壮观。来到元阳哈尼梯田，一定要看梯田壮美的日出日落。多依树梯田因为经常被雾气笼罩，所以日出时会形成霞光万丈的奇景，梯田全变成了金黄色。

🟢 最佳观赏时间：每年 11 月到次年 4 月，梯田灌满了水，仿若一面镜子。

摄影片场 4

[元谋土林]

土林内到处都是高耸的土柱，造型各异，还夹杂着石英、玛瑙等物质，在阳光下反射出奇异的光彩。湛蓝的天空、黄色的砂土相映成趣，会在照片上呈现出绝妙的效果。白天看日出日落，晚上仰望繁星，很是吸引人。

◎ 最佳观赏时间：11 月到次年 3 月

摄影片场 5

[抚仙湖]

抚仙湖是中国最大的深水型淡水湖泊，因为湖水清澈见底，所以被古人称为"琉璃万顷"。站在湖边，波光粼粼之下是卵石堤岸和细沙海滩，纯净得让人不忍打扰，沿着湖边散步可以登上旁边的笔架山，然后俯瞰抚仙湖和禄充村，在这里拍照取景也是不错的选择。

◎ 最佳观赏时间：5 月到 8 月

摄影片场 6

[腾冲银杏]

银杏村是腾冲的一个原始村庄，入秋以后，村子里的万株银杏树由绿渐黄，银杏村变成了一个金色的世界，地面铺满银杏叶的金色地毯。偶有清风掠过，片片黄叶纷纷扬扬飘洒而下，一地金黄，一村古意，难得一见。

◎ 最佳观赏时间：11 月中旬到 12 月初

[梅里雪山]

梅里雪山又称太子雪山，是藏族群众心中八大神山之首。这里最有名的就属"日照金山"了，据说看得到"日照金山"的人一整年都会得到神灵的庇护。一般游客是从飞来寺出发去明永冰川观景台，那里可以俯瞰冰川的壮美景色，运气好的话是可以拍到"日照金山"。

◊ 最佳观赏时间：10 月到次年 5 月

[泸沽湖]

泸沽湖是云南省最高的湖泊，有"高原明珠"之称。湖周围群山环抱，湖中散布 5 个岛屿，形态各异，身临其间，仿佛水天一色。湖畔最著名的就是泸沽湖镇一侧的草海，草海内水生动植物众多，堪称一座生物大观园。春天的泸沽湖绿意盎然，清澈如镜，很适合前往。

◊ 最佳观赏时间：3 月到 5 月、9 月到 11 月

摄影攻略

1.学会三分法构图，为了构成稳定的画面，可利用景物轮廓，横向三等分画面，而把被摄主体摆在黄金分割线位置上。

2.拍摄红土地的时候，最好选用俯视角度来表现。只有这样才能够将红土地的开阔包罗其中，还能突出红土地的色块层次感，从而让画面看起来内容更加丰富。

3.拍摄梅里雪山最好选择一个晴朗的天气，并且使用前侧光来表现雪山的层次感。不过，晴天的时候，雪山在阳光的照耀下会有强烈的反光，最好使用手动曝光，否则会导致与山石的明暗反差过大，出现局部过亮或过暗。

4.拍摄梯田的时候一般会采用高角度来俯拍，俯拍可以加大梯田宏大场面的表现力，增强纵深感。拍的时候记得选择景深，这样能有很好的视觉效果。

5.泸沽湖最有名的当属猪槽船，所以拍摄湖面的时候可以将猪槽船作为照片的背景或者前景，让画面更具有地方特色。如果感兴趣的话，还可以拍摄订婚中的摩梭男女。

6.如果强调银杏的颜色，可用顺光。侧光则比较适合表现银杏的立体层次感。逆光较适合拍摄特写或中景等，曝光准确时银杏和叶片的质感能得到较好展现。

昆明   大理   丽江   香格里拉   西双版纳   滇西南

区域篇

每个地方

都有 12 种美丽面孔

这里是美食之都，这里是奇迹之城，这里有最美的风景，这里有热情好客的人们……每个城市各有不同，同一个城市也有不同的面孔。

A 昆明

花开不断四时春

◎翠湖公园 ◎滇池 ◎金马碧鸡坊
◎东川红土地 ◎轿子雪山 ◎石林 ◎九乡
◎抚仙湖 ◎哀牢山 ◎罗平油菜花海 ◎黑井古镇 ◎元谋土林
◎九龙瀑布群

昆明是个适合生活的地方，故四季无严寒，夏无酷热，四季如春，享有"春城"的美誉。春秋两季昼夜温差大，要特别注意保暖，"晴带衣服，饱带干粮"是针对昆明特殊气候的经验总结，也是一种提醒。昆明全年的大部分降水都集中在5—10月，其余月份略为干燥。此外昆明地处高原，日晒颇烈，即来游玩需要做好防晒准备。

翠湖公园 四季皆宜

　　翠湖公园是昆明市区最漂亮的公园之一，也是很多游客在昆明市内游玩的首选。这里湖水碧绿，树木、荷塘典雅优美，冬季时还可以喂养、拍摄成千上万的红嘴鸥，趣味十足。翠湖公园以翠湖为中心，纵贯南北的阮堤和直通东西的唐堤，将翠湖分成五片景区：湖心岛景区以湖心亭和观鱼楼等清代建筑为主；东南面是水月轩和金鱼岛；东北面是竹林岛、九龙池和知春亭，逢节便有人聚此对唱山歌，别有一番情趣；南边是葫芦岛和九曲桥；西边是海心亭。堤畔垂柳拂面，湖内藕荷飘香，岛上亭台楼阁，将翠湖点缀得秀丽清新。

🏠 昆明市五华区翠湖南路67号

🅰 地铁 5 号线华山西路站下，步行前往

Ⓢ 免费

🕐 8:00—22:00

周边景点：云南大学

云南大学始建于 1922 年，时称私立东陆大学，是中国西部最早建立的大学之一。学校毗邻翠湖公园，风光优美环境清幽，是游人闲暇漫步、感受学术氛围的必游之地。云大最不能错过的是著名的银杏大道，位于天文点以北，文渊楼到会泽院一带。棵棵银杏树枝繁叶茂，每年 11 月开始，银杏叶子变黄，整条路上一片金黄，颇为壮观，是云大校园最美的景色之一。

🏠 昆明市五华区翠湖北路 2 号

🅰 昆明市区乘坐 1 路、85 路、100 路等多路公交车在云南大学站下车即可

💲 免费

🕐 全天开放

周边美食：小吉坡 8 号

小吉坡 8 号是云南菜系，口味偏辣，店内改良版的云南菜菜品很多。位置有点偏，第一次去可能会比较难找，门面装修比较简单，属于庭院式餐厅，内部装修很有情调和特色，院子里也被装修成餐厅，小酒小菜小调调的小吉坡不但菜品好，还充满温馨和艺术的气息。

🏠 云南大学正门，转上文林街至坡顶左手边小巷

💲 人均 87 元

📞 0871-65196151

周边住宿：翠湖宾馆

翠湖宾馆位于翠湖公园边，环境清新，在昆明市中心，闹中取静，周围公交非常多，去火车站、坐机场大巴都很方便。酒店员工礼貌周到，十分有素质。在酒店里面吃东西是种享受，各色菜式都有。退房时间是 12 点，但是最晚可以待到 14 点。冬季会提供免费的喂食海鸥的专用饲料。此外，每天客房服务很好，送水送水果送小吃送银耳羹，很是温馨。

🏠 翠湖南路 6 号

🅰 翠湖附近步行可到

💲 标间约 1000 元 / 天

📞 0871-6515888

滇池 四季皆宜

滇池又称昆明湖，是云南最大的淡水湖。游玩滇池，可沿着滇池东岸的观景路走走，这条路修得非常漂亮，冬季的时候，市民也常到此投喂红嘴鸥，其乐融融。路对岸即是西山森林公园，旁边就是滇池海埂公园，去往西山森林公园的索道就在海埂公园内。乘坐索道直达西山龙门，站在龙门上，居高临下，五百里滇池尽收眼底，风光无限。

🏠 昆明市西山区滇池路
💲 免费
🕐 全天开放

周边景点：海埂公园

海埂公园位于滇池的东畔，是一处风光秀美的公园，也是滇池的主要观赏地。这里沿湖绿树婆娑，搭配了橙黄色的步道、各种色彩鲜亮的雕塑，环境清新优美。海埂，顾名思义，就是指深入滇池中的一道长堤，这条堤坝把滇池分成了两片湖泊。如今堤坝两侧种植了草坪，沿着堤坝到湖中游览观光感觉十分不错。

🏠 昆明市西山区滇池路 1318 号
🅰 市内乘坐 24 路、44 路、73 路等公交车在海埂公园站下车即是
💲 免费
🕐 全天开放

周边景点：云南民族村

　　云南民族村位于昆明市区南侧，滇池池畔，是昆明旅游的热门去处。村内有 1：1 建造的傣族、白族、彝族等 25 个民族的村寨，而且各有不同的民俗、工艺表演等，一日内就可以遍览云南众多民族的风情。在四月傣族的"泼水节"、七八月彝族的"火把节"等民族节庆时期，民俗村内也会举行热闹的庆典活动，不妨在此期间前往游玩，可以体验到更生动的民族风情。

🏠　昆明市西山区滇池路 1310 号
🅐　乘坐 24 路、44 路、73 路、94 路等多路公交车至云南民族村站下车即是
⑤　90 元
🕐　9:00—18:30

周边住宿：滇池温泉花园国际大酒店

　　昆明滇池温泉花园国际大酒店是很漂亮的一家老牌酒店，离滇池和云南民族村都很近，风景如画，景色怡人，冬季在酒店里面就能喂红嘴鸥。内部装修以泰式风格为主，较为典雅。酒店拥有温泉泳池、健身房、网球场、茶廊等康乐设施，配套服务齐全，人不多的时候泡温泉还可以享受到一人一池的待遇。傍晚在草坪上走走，能听到鸟儿的欢歌，轻风拂面凉爽宜人，滇池边的夜色，非常美丽迷人。

🏠　昆明市西山区滇池路 1316 号
🅐　滇池景区可步行前往
⑤　约 396 元／天
📞　0871-63661743

金马碧鸡坊 四季皆宜

金马碧鸡坊位于昆明市三市街与金碧路交叉口，始建于明朝宣德年间，如今是昆明的地标和市中心，也是昆明的象征之一。绝大多数到昆明的游客都会造访这里，和牌坊合影，也逛逛周围的市中心和夜市。金马碧鸡坊是两座牌坊的合称，东侧临近金马山的牌坊叫金马坊；西侧牌坊临近碧鸡山，因此叫碧鸡坊。两座牌坊的区域是城内最繁华的商业中心之一，周围几条街内购物中心、美食餐厅遍布，是逛街的好地方。夜里，周围街道上有热闹的夜市，可以去小摊贩上选择自己喜欢的东西，也可以在各个小吃摊大快朵颐。

🏠 昆明市五华区三市街与金碧路交会处
🚍 乘坐 3 路、4 路、62 路、148 路等多路公交车到金马坊站，下车即是
💲 免费
🕐 全天开放

周边美食：嘉华鲜花饼（东寺街店）

嘉华鲜花饼，当地连锁品牌，是一款以云南特有的食用玫瑰花入料的酥饼，是以"花味、云南味"为特色的云南经典点心代表。经典玫瑰饼，口味可口，松软鲜甜，价格适中，既美容又解馋。咬一口，品尝到一股淡雅的玫瑰清香味，不腻，适合配着茶一起吃。迷你蛋清饼，口感松软，馅料清香。小荞饼，有荞麦润滑的口感，香软细腻。

🏠 昆明市五华区东寺街 22 号
🚍 金马碧鸡坊附近，可步行前往
📞 0871-63616231

周边住宿：驼峰客栈国际青年旅舍

　　驼峰客栈国际青年旅舍就在金马碧鸡坊附近，外面就是可以乘车去海埂公园的车站，走路可以一路逛到正义坊，去翠湖公园也方便。它是世界各地背包客的欢乐家园，是昆明青年旅馆中既有特色又便宜的经济旅馆。旅舍路标指示、游玩推荐都做得不错，店里也有为旅客准备的交通推荐，青旅该有的文化都有。室内宽敞舒服，室外有露天的大阳台，视野不错，坐在阳台边，可以看见整个广场和对面的商业街，晚上是个聊天的好地方，也有很多外国游客入住。

🏠 昆明五华区金碧路金马碧鸡广场三楼驼峰客栈
🅰 金马碧鸡坊附近步行可到
Ⓢ 床位约 66 元 / 天，标间约 240 元 / 天
📞 16606986658

石林 夏秋皆宜

　　石林景区素有"天下第一奇观"的美誉，是典型的喀斯特地貌，石峰、石芽、落水洞、地下河遍布，峰林幻化成各种形态，有剑状、塔状、蘑菇状等，千奇百怪，美轮美奂。游玩石林景区，需要步行很久，建议穿着舒适的徒步鞋或运动鞋。如果不想走路，景区内有彝族姑娘开着电瓶车在景区间穿梭，招手即停，车费 25 元，也一样可以饱览石林奇观，遇到热心的女司机，还会讲解一点小典故，不亦乐乎。

🏠 昆明市石林彝族自治县
🅰 昆明南部客运站有发往石林景区的班车，昆明长水机场也有直达石林景区的专线车
🌐 www.chinastoneforest.com
Ⓢ 门票 130 元，含乃古石林
🕐 7:30—19:30

周边美食：彝米水乡（西石公路店）

彝米水乡是云南很有特色的一家店，具有彝族风情，菜品道道经典，口味很好，价格适中。这里民风淳朴，服务员大多为彝族，待人很是热情。有时饭后还会点火把，大家围成一圈跳舞，很有气氛！

🏠 石林彝族自治县石林风景区入口往泸西方向 1 千米处
🅰 石林景区附近步行可到
🕐 9:00—21:00
📞 0871-67719668

周边美食：林锋生态驴肉馆

林锋生态驴肉馆位置较偏，但根据导航很容易就能找到。外表虽然看着一般，但菜品道道很正宗，驴肉口感很好，新鲜厚实有韧性，调料也很特别，味道偏辣。老板娘非常亲切、朴实，价格很实惠，生意很好，前来吃饭的大多数都是村里的人，让人有种其乐融融的感觉。来吃饭的人大都会点一份黄焖驴肉，再加几份新鲜的野菜。

🏠 石林彝族自治县石林大道西纳村
🅰 石林景区附近步行可到
📞 15808702443

周边住宿：银瑞林国际大酒店

银瑞林国际大酒店是石林地区唯一一家按五星级标准建造的云南规模最大、性价比最高的单体花园式会议度假酒店。酒店集餐饮住宿、会议会展、休闲度假、娱乐健身、购物等于一体。拥有豪华双人间、阳光美景房、群山观澜房等多种房型供选择，可满足不同顾客的入住需求。

🏠 石林彝族自治县石林东路
🅰 石林风景区附近步行可到
💲 标间约 350~500 元／天
📞 0871-67736666

九乡 夏秋皆宜

云南有句俗话叫"地上看石林，地下看九乡"，九乡与著名的石林同属喀斯特立体景观，但其美不是峰林，而在于溶洞。景区拥有大小溶洞上百座，规模庞大，数量繁多，被誉为"溶洞博物馆"，是昆明周边的必游景点之一。九乡风景区内森林茂密，动植物资源丰富，既有壮丽的山川峡谷，也有瑰丽的地下溶洞，属于典型的喀斯特地貌景观。

🏠 昆明市宜良县九乡彝族回族乡境内
🅰 昆明东部客运站每天有多部中巴车至宜良县城，到宜良县城后再换乘中巴车至九乡即可
Ⓢ 90元，包含单程索道
🕐 8:00—18:00

片区景点：地下倒石林

地下倒石林，原名蝙蝠洞，因洞内钟乳石多由洞顶垂悬倒挂又酷似蝙蝠而得名。整个景观似乎摆脱了地心引力的作用变得旁逸斜出，生长方式颇为奇特，远远看去，如同石林倒悬，因而得名。但是为什么这里的钟乳石会弯曲呢？那是由于洞内外的温差不同而形成不同流向的风，再加上这些钟乳石本身具有毛细吸管，可以输送水分，形成水滴。在碳酸钙即将沉淀的时候，被风吹离了垂直的方向，因而形成旁逸斜出之态。地下倒石林所在的溶洞空气清新流畅，气温凉爽宜人，仿佛设有天然空调一般。

🏠 昆明市宜良县九乡风景区内
🅰 九乡风景区内，步行即可到达
Ⓢ 无需门票，包含在九乡风景区门票内

片区景点：惊魂峡

惊魂峡的穹顶呈洞桥形造型，伟岸苍穹，以虚空立于地下。洞桥顶部，绿树苍虬，青葱繁翠；洞峡之下，激流逝涛，跌宕轰鸣。其立体多元的景观构成，不但能看到、能触摸，而且还可以用双耳聆听，很是激越。

- ⌂ 昆明市宜良县九乡风景区内
- Ⓐ 九乡风景区内，步行即可到达
- Ⓢ 无需门票，包含在九乡风景区门票内

片区景点：雌雄飞瀑

雌雄飞瀑位于宜良九乡风景区内，进入景区，展现在眼前的是两条白色的瀑布从30多米高的悬崖上坠下，它是由两条一高一矮、一胖一瘦的地下瀑布组成，雌雄难辨，因此得名。

- ⌂ 昆明市宜良县九乡风景区内
- Ⓐ 九乡风景区内，步行即可到达
- Ⓢ 无需门票，包含在九乡风景区门票内

东川红土地 夏秋皆宜

东川红土地因土壤里含铁、铝成分较多，形成了炫目的赤红色彩。土地被田地和农作物分割成一个个色块，远远看去，五彩斑斓，衬以蓝天白云，更为壮观。这几年，红土地逐渐成为摄影爱好者的天堂。游玩红土地最佳时间有：每年4月至5月麦子成熟期间、9月至12月荞麦和油菜花旺盛生长的时候和2月至3月田间偶有残雪的时候。因红土地各观景点距离较远，如果需要拍摄落霞和日出，建议在花石头村住宿一夜。

- ⌂ 昆明市东川区新田乡
- Ⓐ 昆明北部客运站乘坐去法者的班车，在花石头村下车；或在东川区客运站乘坐去往马街的班车，在花石头村下车即可
- Ⓢ 免费
- Ⓛ 全天开放

片区景点：千年老龙树

老龙树又名神树、独树，它是一棵巨大古老的千年冷杉，曾经枯死三年又吐新枝，被当地立石碑尊为神树。走到靠近树的山坡下，就能看到一块巨大的石头上刻有"老龙树记"，对此有着详细的描述。千百年来，老龙树孤独地守护着这片广袤的红土地，像一尊威武的战神，凝重而神圣。

🏠 昆明市东川区红土地镇花沟村
🅰 东川红土地附近步行可到
🆂 免费
🕐 全天开放

片区景点：落霞沟

落霞沟也叫陷塘地，是崇山环抱中突然下陷的一块洼地，16:30—17:30 的光线最好。太阳从落霞沟东面的山上升起，多云天有可能出现电筒光，适合拍日出日落。不同的季节，落霞沟会呈现出不同的美景，恍如人间仙境。远远望去，红绿相间的色块和线条，如梦如幻，斑斓的色彩扑面而来，让人仿佛瞬间忘记了呼吸。

🏠 昆明市东川区
🅰 东川红土地附近步行可到
🆂 免费
🕐 全天开放

轿子雪山 春冬皆宜

　　轿子雪山是一座冬季积雪的山峰，这里自然景观独特，山间有大小不等的高山湖泊、草甸，每年春天还有几十种杜鹃花盛开，非常漂亮。冬季时，这里还是很多驴友徒步登山、攀冰的乐园。

🏠 昆明市禄劝彝族苗族自治县乌蒙乡
🚗 昆明市北部客运站有班车可以到达转龙，在转龙镇上可以拼车或包车前往景区
💲 235 元（含新山垭口往返索道＋往返摆渡车）
🕐 8:30—17:30

元谋土林 春冬皆宜

　　元谋土林与陆良彩色沙林、路南石林并称"云南三林"。元谋土林多达18 处，其中有三处最为壮观，分别是物茂土林、浪巴铺土林、班果土林，游人通常会去的是前两处。这两处土林整体景观差别不大，游土林一般只去其中一处即可。土林多由沙粒、黏土组成，历经千百万年地质作用形成了如今破碎的地形。这里也是摄影爱好者的天堂，拍出的照片非常壮观。值得一提的是，元谋土林还是《无极》《千里走单骑》等著名电影的取景地。

🏠 楚雄彝族自治州元谋县
🕐 7:00—19:00

片区景点：物茂土林（虎跳滩土林）

物茂土林总面积6平方千米，形态多以城堡状、屏风状、帘状、柱状为主。各种形态的土柱错落纵横，最高达42米，颜色有红色、黄色、白色、褐色等。远远望去，物茂土林千峰林立，沟壑纵横，荒凉粗犷，像一座废弃的城堡，又像一组组工程巨大的艺术群雕。土林的景点分布在主沟和支沟两侧。主沟为东西向的干涸河床，河床表面为黄色细砂和彩色砾石。支沟分布在主沟南北两侧。主沟的北侧有"元帅府""古堡幽情""骆驼峰"3条支沟；南侧有"无名沟""欧亚奇观"2条支沟；另外还有几条小支沟尚未命名。游览景区可以徒步，也可以骑马观光。

🏠 楚雄彝族自治州元谋县物茂乡土林街1号

🅰 元谋县到物茂土林每天有4趟班车：9:20、11:00、15:30、16:30，票价8.5元，车程约40分钟

💲 70元

🕐 7:00—19:00

片区景点：浪巴铺土林（新华土林）

浪巴铺土林又叫新华土林，土柱高大密集，类型齐全，圆锥状土林发育良好，高度居元谋土林之冠。色彩丰富，土柱顶部以紫红色为主，中部为灰白色，下部则以黄色为基调，其间夹杂有褐红、灰白、棕黄、灰黑等多种颜色。形态各异，有圆锥状、峰丛状、雪峰状、城垣状等。远望新华土林，就像一座座绚丽的宫殿；走进景区，犹如置身于古堡画廊。新华土林周围分布着几个大小不等的水库，其中浪巴铺水库水清似镜，土林倒映其中，如诗如画。土林中还有几条潺潺小溪，因此植被较好，竹子、松树、灌木、花草点缀在土柱峰丛间，还可见到野兔、雀鸟等小动物。

🏠 楚雄彝族自治州元谋县新华乡浪巴铺村

🅰 在元谋县城包车或自驾前往

💲 50元

🕐 7:00—19:00

片区景点：班果土林

班果土林是元谋土林景观中规模最大的土林，土柱景观主要分布于大沙箐及支沟两旁，疏密有序，形状各不相同。它是老年期残丘阶段的代表，所以土柱高度一般在5~16米，分布稀疏，群体较少，形态多为孤峰状、城垣状、宝塔状、柱状等。每片小区

域内土林的色彩比较统一，有白色土林、褐红色土林、棕黄色土林和浅黄色土林等。班果土林的土柱表面夹杂有闪烁的石英砂和玛瑙片砂，如同镶嵌了宝石，在阳光的照耀下，五光十色。班果土林沙地雪白，景区内植被稀疏，只生长着少量的草丛，保持了土林最原始的风貌，显示出了土林的雄浑壮观。

🏠 楚雄州元谋县城西 18 千米的平田乡东南 400 米沙河处
🅰 没有直达车辆进入景区，需要从元谋县包车前往或自驾前往
⑤ 免费

黑井古镇 四季皆宜

　　黑井自汉朝起开井煮盐，2000 多年来形成一个经济繁荣、多元文化发达的古镇，尤以明清时最为繁荣，有"明清社会活化石"之称。 黑井古镇如今仍完整保存有明清时代城镇格局。沿龙川江两岸，五马桥把古镇东西相连，盛时的十三条坊（街道）、三万多人口把黑井渲染成灯火辉煌的不夜城。沿街、沿江的建筑"一楼、一底、一铺台"，既可家居亦便经商。后街依山，避开喧嚣建有盐商、进士的深宅大院及文庙、书院。

🏠 楚雄州禄丰市西北的龙川江畔
🅰 楚雄市东客运站每天有 5 趟班车前往黑井古镇
⑤ 25 元
🕐 全天开放

片区景点：武家大院

　　武家是黑井古镇清代的第一大盐商，在当年为黑井的首富。武家大院始建于清道光十六年（1836 年），至咸丰七年（1857 年）扩建完成，历时约 20 年。大院坐东向西，依山就势而建，布局相当独特。整座建筑由 4 个天井组成，共有 99 间房，108 扇门，规模相当宏大。站在武家大院三楼，可以俯瞰整个黑井古镇的全貌。

🏠 楚雄州禄丰县黑井古镇内

🚶 黑井古镇附近可步行前往

💲 无需门票，包含在黑井古镇的门票内

片区景点：黑牛盐井

黑牛盐井在武家大院的一侧，盐井为斜井，井口有石砌门，甚为壮观。盐井深达百米，这里是黑井古镇的地标性景点。

🏠 楚雄州禄丰县黑井古镇内

🚶 黑井古镇附近可步行前往

💲 无需门票，包含在黑井古镇的门票内

片区景点：节孝总坊

节孝总坊始建于清光绪二十七年（1901年），据说是慈禧太后下旨建立的，这座牌坊并不是为一个女子所立，而是为几十个女子所立。

🏠 楚雄州禄丰县黑井古镇内

🚶 黑井古镇附近可步行前往

💲 无需门票，包含在黑井古镇的门票内

抚仙湖 夏季皆宜

抚仙湖虽不如滇池、洱海出名，但它是中国最大的深水型淡水湖泊，平均水深87米，湖水的容量非常大。这里另一个诱人之处是水质相当清澈，用"琉璃万顷"来形容也毫不夸张。抚仙湖面积很大，沿湖分布着好几个小景区，可以随意去湖边散步享受自然风光，也可以进入收费的景区内游玩。游人比较常去的是西岸的禄充景区，这边开发较早，游人也相对较多。另外两处比较热门景区的是阳光海岸（明星景区）和孤山岛，这两处没有禄充繁华，游人也相对较少。

🏠 玉溪市澄江、江川、华宁三地间

🕐 全天开放

片区景点：禄充风景区

禄充风景区人杰地灵，曾有"一门双进士，百步两翰林"的美誉。景区内有一个禄充大洞，位于村南，地下泉水非常丰富，水温常年保持在 24℃左右，泉水源源不断流入抚仙湖。在夏天秋天，村民用水车车水捕捞成群结队逆水而上的抗浪鱼群，是这里的一大奇观。每年农历二月十九日，笔架山主峰上的观音寺会举办庙会，场面热闹，盛况空前。

🏠 玉溪市抚仙湖西岸
Ⓐ 在澄江客运站转乘前往禄充的公交车，坐到终点即是禄充景区
Ⓢ 15 元
Ⓒ 7:00—23:00

片区景点：樱花谷

樱花谷是地产开发商为了配合楼盘和酒店而建造的湖边公园，公园并不大，但风景挺别致。湖边有许多别具特色的沙滩椅，恍如来到热带海边。加上公园内种了许多薰衣草和各式鲜花，是拍摄婚纱照的好地方。公园内还有一大片人造沙滩，沙很细很白，踩上去很舒服。由于地处抚仙湖东北端，这里还是看日落的好地方。

🏠 玉溪市抚仙湖东岸
Ⓐ 乘坐出租车前往即可
Ⓢ 免费
Ⓒ 全天开放

周边住宿：抚仙湖泓悦湾度假酒店

抚仙湖泓悦湾度假酒店坐落于抚仙湖畔，兼具瑰丽与私密，舒适与浪漫。酒店 33 层主楼是环湖最高建筑，能从不同角度尽览湖光山色，望云卷云舒，晨观日出，暮赏夕阳。酒店拥有主题 SPA、7 个不同风格的餐饮休闲场所、清新亮丽的户外游泳池，以及大型湿地公园和迷人的白色海岸。是游玩抚仙湖完美的休憩之所，也是找回健康生活方

式及生活乐趣的理想之地。

🏠 玉溪市澄江市抚仙湖景区环湖北路 8 号
🅰 抚仙湖景区附近步行可到
💲 标间约 500 元 / 天
📞 0877-6818888

哀牢山 春夏皆宜

哀牢山国家级自然保护区海拔 2080~3166 米，山中云缠雾绕，巍峨壮观，植物分布区系复杂，古老名贵植物种类较多。森林覆盖率达 85%，中山湿性常绿阔叶林面积占保护区面积的66.3%，是云南乃至中国少见的中山湿性常绿阔叶林区。哀牢山自然保护区有奇特的地质、大气、水文景观，主要景点有南恩大瀑布、大磨岩峰、大雪锅山、国际候鸟迁徙保护区——打雀山、大（小）帽耳山等自然景观。夏天宛如进入翡翠宫中，冬天又似水晶龙宫。

🏠 玉溪市新平彝族傣族自治县戛洒镇
🅰 可乘新平戛洒客车，再转乘戛洒到景区的班车
💲 茶马古道 20 元，石门峡 40 元，套票（石门峡＋茶马古道＋金山原始森林）60 元
📞 8:00—17:00

周边景点：戛洒镇

位于哀牢山脉中段东部的戛洒镇，是云南的"花腰傣族之乡"，"戛洒"为傣语，意为"沙滩上的街子"，自古便是商贸交易、交通往来的重镇，这里有着壮美的哀牢山田园风光、美丽淳朴的花腰傣姑娘和浓厚的民俗风情。附近的大槟榔园村，是当地有名的民族文化生态村，村中生长着酸角树、芒果树、荔枝树，每年都会结出丰硕的果实，村中的花腰傣村民至今还保留着古老的民风，妇女们依然传承着织布、挑花、刺绣、编织等独特的手工艺。

🏠 玉溪市新平彝族傣族自治县戛洒镇
🅰 建议自驾或包车前往

周边景点：漠沙大沐浴旅游文化生态村

新平的花腰傣有傣雅、傣洒、傣卡等，大沐浴寨是花腰傣傣雅的聚居地。在傣语中，大沐浴是"谈情说爱的地方"。大沐浴花腰傣民族文化生态旅游村是一个原汁原味展示花腰傣民居建筑、历史文化、民风民俗的民族文化生态风情园。村中源于山涧的泉水穿流，一幢幢傣家土掌房掩映在槟榔树、凤尾竹、凤凰花、荔枝树下。

🏠 玉溪市漠沙大沐浴花腰傣文化生态旅游村
🅰 建议自驾
💲 20 元
🕐 8:00—17:30

罗平油菜花海 春季皆宜

罗平县不同于曲靖其他地区的崎岖，地势颇有几分水乡的风范。每年花期，罗平县城便深陷在一片油菜花的海洋里，80 万亩油菜花竞相开放，颇为壮观。2002 年创下了吉尼斯世界纪录：罗平油菜种植园成为世界最大自然天成花园。最好的几处观赏并拍摄的地点是：金鸡峰丛、牛街乡、湾子湖水库和十万大山。罗平县每年花季都会举办"罗平国际油菜花文化旅游节"，具体日期随花期不同而不同，一般都在 2 月，时间持续一个多月。此时来罗平，住宿和包车价格都会比平时贵很多，建议提前预订为宜。

🏠 曲靖市罗平县罗雄镇附近
🅰 从昆明火车站到罗平班车抵达。昆明东部客运站有到罗平县的班车，每年油菜花节期间，昆明还会增开昆明到罗平的旅游专列
💲 免费
🕐 全天开放

周边景点：太液湖公园

　　太液湖公园是罗平古十景"太液澄波"所在地，由正门广场、腊山仙子广场、湖心岛、儿童乐园等四大部分组成。整个公园按照风景园林进行规划设计，吸收和采纳了现代园林建筑风格，具有较强的现代气魄。园内造型特异，园林艺术点面结合，层次分明，是休闲娱乐的理想去处。

🏠　曲靖市罗平县九龙大道
Ⓢ　免费

九龙瀑布群 春季皆宜

　　九龙瀑布群，似一条"银龙"盘游于群山中，在4千米长的河流中，落差超出了百米。其中最为壮观的"九龙第一瀑"高达60米，当地布依族人称之为"大叠水"。河中怪石嶙峋，浅滩深潭。周边植满作物的梯田，恰似彩画之框。由于得天独厚的地质构造和水流的长期侵蚀，在此形成了十级高低宽窄不等、形态各异的瀑布群。

🏠　曲靖市罗平县长底乡
Ⓐ　在罗平县客运站南侧的停车场，搭乘到板桥的班车，再转乘微型车到九龙瀑布
Ⓢ　65元
🕐　8:00—17:30

交通

飞机 / 昆明长水国际机场

　　昆明长水国际机场由云南机场集团有限责任公司运营管理，为全球百强机场之一，是我国面向东南亚、南亚，连接欧亚非的"中国西南门户国际枢纽机场"，与乌鲁木齐地窝堡国际机场并列为我国两大国家门户枢纽机场。该机场是全国继北京首都机场、上海浦东机场之后第三家实现双跑道独立运营模式的机场。昆明长水国际机场已开通约 300 条航线，通航城市达 100 多个。北京、上海、广州、成都、乌鲁木齐等国内大部分城市均有航班可到。

🏠 昆明市官渡区长水村

🌐 www.ynairport.com

📞 0871-96566

🔺 1. 在市区乘坐地铁 6 号线到达机场，底站即是。2. 机场巴士：空港 1 号线 -6 号线等多班车经过。3. 从机场到市区，打车约需 120 元

火车 / 昆明火车站

　　昆明火车站，地处贵昆线、成昆线、南昆线、昆玉线、内昆线的交会处，是云南省的重要交通门户。昆明火车站有通往丽江、大理、石林和省外各地的列车。

🏠 昆明市官渡区北京路南端

🔺 市内乘地铁 1 号线可到

火车 / 昆明南站

　　昆明南站位于昆明市，南站的途经线路有沪昆高速铁路、南昆高速铁路、昆玉城际铁路，是高铁站。

🏠 昆明市呈贡区吴家营街道白龙潭山脚之西

🔺 市内乘地铁 1 号、4 号线均可到达

美食

破酥包子

破酥包子是昆明的风味小吃，由低筋精白面粉、熟猪油、熟云腿、蜂肉丁、冬菇末等制成。破酥包子的馅心有咸、甜两种，含有蛋白质、碳水化合物、维生素，营养丰富，老少皆宜。由于这种包子负有盛名，现在已经从民间小饭馆或大排档，走进了昆明市的各大宾馆饭店，几乎在各种高档筵席、宴会、自助餐、风味餐中都能够品尝到破酥包子。

什锦凉米线

此品在昆明一带十分风行，夏秋两季，家家小吃店都要推出这个品种。它配料多，用料全，酸、辣、麻、甜、香各味俱全，口感滑润。传统滇味拼盘垫底也多采用什锦凉米线，上面再盖上"五色料"。

过桥米线

过桥米线是滇南地区特有的小吃，起源于蒙自地区。过桥米线汤是用大骨、老母鸡、宣威火腿经长时间熬煮而成的。过桥米线由四部分组成：一是汤料覆盖有一层滚油；二是佐料，有油辣子、味精、胡椒、盐；三是主料有生的猪里脊肉片、鸡脯肉片、乌鱼片，以及用水过五成熟的猪腰片、肚头片、水发鱿鱼片，辅料有豌豆尖、韭菜，以及芫荽、葱丝、草芽丝、姜丝、玉兰片、氽过的豆腐皮；四是主食，即用水略烫过的米线。

汽锅鸡

汽锅鸡是云南的名菜之一，早在 2000 多年前就在滇南民间流传。建水出产一种别致的土陶蒸锅，叫"汽锅"，是专门用来蒸食物的。汽锅鸡的做法是钭仔鸡洗净后再砍成小块，和姜、盐、葱、草果一道放入汽锅内盖好，汽锅置于放足够水的蒸锅之上，用纱布将隙缝堵上，以免漏汽，再放到火上煮。汤锅的水开后，蒸汽就通过汽锅中间的汽嘴将鸡逐渐蒸熟（一般需 3~4 小时）。由于汤汁是蒸汽凝成的，鸡肉的鲜味在蒸的过程中丧失较少，所以基本上保持了鸡的原汁原味。

豆花粉

豆花粉是由新鲜米粉等制作的食物，是云南一带有深厚乡土气息的小吃，味鲜、香、爽滑、豆花细嫩而深受大众好评，一般煮品店均有出售。做法为将黑芥切成末，泡酸菜剁细，豆花煮熟要嫩。将米粉条分装 30 个碗中，逐碗倒入漏勺，下沸水锅中烫熟，翻在碗中。再将豆花、脆哨、油炸花生、油炸黄豆、黑芥、香菜、泡酸菜、炸豆腐丁、葱花盖在粉条上，放入酱油、味精、芝麻酱、红辣椒油即成。

玉溪酸汤米线

风味独特的玉溪酸汤米线，以味美闻名，到过玉溪的人，不品一下酸汤米线的味道，的确会后悔莫及。盛好一碗米线，先放入韭菜，盖上一片四指见方、约一厘米厚的豌豆凉粉，依次放入甜子（自制酸醋）、酱油、芝麻酱（自制）、香椿水、盐水等佐料，最后浇上一勺清亮、鲜红、带有两三小点油渣

的油辣椒。当米线送到面前时，浓郁的香味扑鼻，胃口大开。碗里雪白的米线、金黄色的凉粉、翠绿的韭菜、乌黑的酱油和鲜红的油辣椒（当天制作当天使用，故而辣油香味浓郁），五色焕然，整碗米线艳丽悦目，吃起来凉爽、清香、味美、舒适可口。

鲜苞谷饭

苞谷，又叫玉米、玉蜀黍。鲜苞谷饭是流行于滇中农村的一道家常饭，与其说是饭，实则为糕。将苞谷用石磨磨成面，蒸前半小时用水拌和，既不成团，又不太松散，当木甑上气后，用双手取粉搓散，均匀地布入米饭上面，厚度在 10 厘米以下，盖上草锅盖，旺火猛蒸至熟。吃的时候，趁热撒上一小层糖末，取块而食，甜嫩润口。可谓是"人间美食农家有，此味城里无处觅"。

花米饭

花米饭是布依人及壮族人的特产，不但色彩鲜艳，而且味道悠远。色彩一般有红、

紫、黑、白、黄几种，所以又叫"五色花米饭"。每年的秋后，布依人就把上等的糯米挑选出来，单独放好留待做花饭用。到次年三月三民族传统节日时，到山上或房前屋后挖几种可食用的野生植物，把这些植物的根、茎、花、叶分别捣碎，提取出红、黄、蓝三种色素，再用这三色调出黑、紫两色，做花饭的五种颜色就准备好了。花米饭可蒸熟食用，也可油炸后食用。

购物

鲜花

　　云南四季如春，鲜花四季常开，这里有中国最大的鲜花种植基地，也有规模很大的鲜花交易市场，昆明市内就有多家鲜花市场。云南的鲜花价格也很便宜，几十枝玫瑰也才 10 元左右，另外还有香水百合、康乃馨等常见的花卉。走在昆明街头，时常会看到拉着一车鲜花的小贩在叫卖，价格也很便宜。如果到了花卉市场，琳琅满目的鲜花让人目不暇给，阵阵花香充斥在鼻尖，让人忍不住沉醉在这片花的海洋之中。

野生菌

　　云南食用菌品种繁多，风味各异，在滇味菜肴中是名贵的"山珍"。其中最具经济价值的是鸡枞、松茸、竹荪。

住宿

　　昆明是整个云南省的中心，住宿条件很成熟，从高档的五星级宾馆到低档的普通招待所一应俱全，游客可以根据不同的消费需求来选择理想的住宿地点。如果对目的地不是很熟悉，建议提前预订酒店。

Ⓑ 大理

◎大理古城 ◎崇圣寺三塔 ◎苍山
◎洱海 ◎蝴蝶泉

风花雪月之城

大理四季如春，温度在10℃至25℃之间，基本上不分春夏秋冬四季，而主要分为旱季和雨季。每年5月底至11月底为雨季，12月初至第二年5月初为旱季。每年温度最高是5月中旬，即旱季将结束时。进入雨季后，天晴的时候气温还是比较高的，但一遇下雨温度就比较低，所以云南有『一雨便冬』之说，这时需要穿比较厚的衣服，如夹克等。每年12月至1月气温也不高，在室内还是比较冷的，需要穿毛衣或羽绒服，但在室外气温比较暖和，穿衬衫就可以了。

大理古城 四季皆宜

　　大理古城位于风光秀丽的苍山脚下，是古代南诏国和大理国的都城。这是个适合生活的地方，当地人日出而作日落而息，闲时养花草晒太阳。在古城，白天可以逛逛古城最繁华的步行街复兴路，街两边有众多店铺，经营大理石雕刻、民族服饰和当地特色食品等。在各色店铺间穿行流连，可以淘些有民族特色的小东西，累了饿了，路边的小吃店也能吃到有特色的当地小吃。或者漫步走进当地人家敞开的院门，与做着手工活的白族老太聊几句家长里短。夜间，可以前往洋人街和人民路一带，这里有很多的特色酒吧和小咖啡馆，有些店里还有驻唱歌手或者游人的即兴演出，热闹非凡。尽可以在酒杯和音乐间寻觅那一份属于自己的活色生香。

🏠 大理州大理市下关以北 13 千米
🅰 大理站乘 8 路或三塔专线均可到古城
⑤ 免费
🕐 全天开放

周边美食：婷院私厨·花园餐厅

　　婷院私厨是藏在胡同里的小店，一楼是私房菜馆，二楼是老板自己的居所。位置不太好找，且招牌很小，很容易错过，想要前往最好跟着导航走。餐馆中间是个小院子，池子里还有小鱼，棚顶是透明玻璃，阳光很充足，环境很别致，但有个性的老板并不想招待太多人，所以整个店只有七张桌子。喜欢吃鱼的朋友一定不能错过招牌菜红烧洱海鱼。

🏠 大理市大理古城广武路 60 号院内
🅰 大理古城内可步行前往
🕐 11:00—21:30
📞 13324952954

周边住宿：水云驿栈

　　大理水云驿栈是一家老字号的客栈，以前开在古城的洋人街上段，现在搬到红龙井上菜园，闹中取静，是个具有特色的白族民居院子。房间简洁、舒适，非常适合广大驴友、家庭出游住宿。闲暇时可与朋友、家人喝茶聊天，结伴游玩，享受自由时光。客栈院子不算大，但布置得很有特色，有秋千椅，还有个冲泡茶的棚子，还能停一两辆小车。二楼的阳台上摆了桌椅，可以坐在阳台上晒太阳发呆。老板和员工都很好，出去玩包车租车路线之类，只要问到都会很耐心地回答。

🏠 大理市大理古城博爱路上菜园 50 号
🚶 大理古城附近步行可到
💲 标间约 120 元／天
📞 0872-2699828

崇圣寺三塔　四季皆宜

　　崇圣寺是大理国时期的皇家寺院，东临洱海，西靠苍山应乐峰，风景十分优美。三塔原来是崇圣寺的一部分，如今看到的寺院是重建的，而三塔则是已有千年历史的遗迹。进景区大门，迎面就能看到位于景区中轴线台阶之上的三塔。前方正中的大塔叫千寻塔，与南北两个小塔呈三足鼎立之势，颇为大气。三塔的造型与西安小雁塔相似，拍摄三塔最佳的地点是它斜后方三塔倒影公园的"三塔聚影池"，在这里可以拍到三塔和池中的倒影。

🏠 大理州大理古城西北部 1.5 千米处 214 国道旁
🚶 乘公交三塔专线可到，若从大理古城出发，则仅需步行约 1.5 千米即可到达
💲 75 元
🕐 9:00—17:00

周边景点：雨铜观音殿

　　雨铜观音殿最初建于公元 899 年，有记载称是崇圣寺一高僧，发誓终生募化铸一铜观音像来祈国泰民安，铸时分三节为范，肩以下先铸就，而铜已用完，忽天雨如铜珠，

人们收集起这些铜珠便铸完了观音像，故名雨铜观音。现雨铜观音殿在原先的旧址上于1999年扩大重建，殿中部高2.2米的汉白玉须弥座上，有1.8米的贴金铜铸莲花座，莲花座上站立着8.6米高铜铸贴金的雨铜观音。重铸的雨铜观音根据清末存照片精心复制，体现了南诏中晚期大理观音由男性向女性的过渡。

🏠 大理州大理古城西北，苍山应乐峰下崇圣寺三塔景区内
Ⓐ 崇圣寺三塔景区附近步行可达
Ⓢ 包含在三塔景区内

周边景点：南诏建极大钟

　　南诏建极大钟铸于公元871年（南诏建极十二年），为崇圣寺五大重器之一，与三塔同为镇寺之宝，毁于清咸丰、同治年间的战乱。1997年重铸后的钟体分为上、下两层，上层饰六幅波罗密图案，下层饰六幅天王像，钟高3.86米，口径2.138米，重16.295吨，为鸦片战争以来我国所铸的第四大钟，也是云南省第一大钟，它生动地再现了大理著名旧景"钟震佛都"。

🏠 大理州大理古城西北，苍山应乐峰下崇圣寺三塔景区内
Ⓐ 崇圣寺三塔景区附近步行可达
Ⓢ 包含在三塔景区内

周边景点：三塔倒影公园

　　三塔倒影公园内有一处潭水，可以拍到漂亮的三塔倒影画面，因此闻名。景区与崇圣寺三塔景区实行联票，几乎所有游玩三塔景区的游客都会来此拍摄经典的倒影画面。此外，景区内湖水澄澈清新，周围树木荡漾，环境非常优美。

🏠 大理州大理市锦溪巷，三塔公园南侧
Ⓐ 从大理城内出发，步行半小时即到，或乘坐三塔专线到北门桥头站，步行可至
Ⓢ 包含在三塔景区内

苍山 春季皆宜

苍山风光极为秀美，主峰的积雪风光巍峨壮观，是大理著名的"风花雪月"四景之一。山间云雾变幻莫测，有"望夫云""玉带云"等奇秀形状。欣赏苍山美景，可以从洱海湖滨各个村镇远观拍照，也可以走进苍山景区，上苍山来近距离感受。苍山的山腰间修有一条长 18 千米的游山步道，称为玉带云游路。北起小岑峰，南至圣应峰，沿途经过 6 座山峰，也经过清碧溪、七龙女池、龙眼洞、凤眼洞和中和寺等景点。走在 2600 米高的玉带路上，随时可俯瞰大理坝子和洱海风光，加上空气清新，温度适宜，让人心旷神怡。

🏠 大理州大理市大理古城西隐仙路

🚶 大理古城西侧出来，步行大约 20 分钟可到大索道下站；乘公交 4 路或三塔专线到大理镇二中站下车，步行可到感通索道站

💲 门票 40 元；感通索道 120 元（往返，含苍山门票），中和索道 100 元（往返），苍山大索道单程 182 元（含苍山门票），双程 282 元（含苍山门票、天龙八部影视城门票和影视城电瓶车费）

🕐 9:00—16:00。感通索道 8:30—17:00；苍山大索道 8:30—17:00

片区景点：苍山中和索道

苍山中和索道位于苍山中和峰，索道从大理古城三月街赛马场西起步，一直延伸至中和峰玉带云路。当游客乘坐着缓缓运行的索道，那郁郁的苍山、皑皑的白雪、蓝蓝的洱海、悠悠的古城、苍洱坝子的点点白族民居一览无余，索道尽头是大理的名胜古刹中和寺和亘于苍山山腰全长 18

千米的玉带路，沿着玉带路游客可沿途游览桃溪、中溪、龙眼洞、凤眼洞、七龙女池、清碧溪等著名风景区，同时，还可饱览秀丽迷人的苍山洱海风光。

🏠 大理州大理市白石路三月街赛马场西

🌐 可在大理火车站乘坐8路到达小关邑站，再乘坐4路公交到达大理南门站，步行至大理三月街即可

💲 100元

🕐 9:00—16:00

片区景点：洗马潭大索道

　　洗马潭索道（即苍山大索道）是由天龙八部影视城起，途经七龙女池而直达苍山之顶洗马潭的观光旅游索道，是世界高差最大、全国爬坡最长的旅游索道。该线路串联了苍山高、中、低海拔地区的精华景点，游客可方便、快捷、轻松地到达苍山山顶，饱览洱海和古城的田园风光，体会征服高山的豪情，品味七龙女池的灵性，通过索道往返的近40分钟时间，可在空中完整地欣赏到苍山的冰川遗迹景观、垂直分布的森林生态系统，通过海拔的变化，感受"一山有四季"的奇妙。

🏠 大理州大理市古城三月街（天龙八部影视城内）

🌐 乘坐4路公交至大理古城北门下或乘坐8路公交至古城西门下即可

💲 半程票（含天龙八部影视城与苍山地质公园门票）182元；全程票（含天龙八部影视城与苍山地质公园门票）282元

🕐 8:30—17:00

周边景点：天龙八部影视城

　　天龙八部影视城是电视剧《天龙八部》的主要拍摄地，规模宏大。天龙八部影视城由三大片区组成：第一部分为大理国，包括大理街、大理皇宫、镇南王府等；第二部分是辽国，包括辽城门和大小辽街；第三部分是西夏王宫和女真部落。影视城内的建筑虽然绝大多数是后期建造的，但是青砖青瓦看起来颇有历史的沧桑感。在仿真的古城中走走看看，感受当年大理国和段王爷的生活，运气好的话，还能遇到正在拍戏的剧组，说不定也能遇到哪个明星呢。

🏠 大理古城以西2千米，苍山脚下

🌐 从大理古城内可以步行前往，大约1.5千米

💲 40元

🕐 9:00—18:00

洱海 四季皆宜

洱海位于大理古城东侧，青葱的苍山脚下，水色蔚蓝，以无敌的山水美景和湖滨独具风情的各个村镇而闻名于世。在洱海边小住、骑车环湖、乘船游玩，都是感受洱海风情的好选择。洱海湖内有金梭岛、小普陀和南诏风情岛三座岛屿，环湖有才村、喜洲、双廊、挖色、海东等村镇，各有特色。在村镇间走走，看远处茫茫的苍山，闻着遍野的油菜花香，晒晒太阳，不知不觉就度过了悠闲的一天。

🏠 大理州大理市东北部

🚌 洱海周围村镇较多，靠近下关和大理古城的可以乘坐公交到达，稍远一些的镇子一般都可以在下关客运北站乘坐班车前往，环湖路上也可以拦车，十分方便

💲 洱海无需门票，各小岛及湖滨部分景点单独收费

🕐 全天开放

周边景点：双廊

　　双廊镇紧靠碧波荡漾的洱海，并可远眺苍山十九峰，集苍洱风光之精华于一处。晴天时阳光透过云层，折射在湖水上，伴以连绵的苍山为背景，是摄友们最想捕抓的极品镜头。双廊镇的主要景点是两个岛：玉玑岛和南诏风情岛。玉玑岛属双廊镇，可步行走过去，在岛上看看夕阳，非常惬意。南诏风情岛在玉玑岛南部，从双廊镇南端的游船码头乘船上岛，5分钟可达，门票50元。游玩双廊，建议在此住宿一夜。傍晚时分，泛舟湖上，看光影激滟，别有一番风味。

🏠 大理州大理市东北部，洱海东岸

🌐 下关客运站、客运北站都有班车前往，在大理古城东侧大丽公路旁也可以等候班车

⑤ 免费

🕐 全天开放

周边景点：喜洲

　　喜洲西倚苍山，东临洱海，保存有大量的白族民居，也是美味的喜洲粑粑的发源地。游走古镇里，看着身着白族服装的老人、角落里嬉戏的小孩、卖粑粑的小店、白族民居……满是浓郁的白族风情。正义门是喜洲古镇的西门，往内几百米处，有一棵500多年的大榕树，粗壮得需要几个成年人才能合抱，算是喜洲古镇的标志了。四方街是名小吃喜洲粑粑的原产地，味道是最正宗的。白族民居是喜洲的一大特色，如果对建筑和民族文化感兴趣的话，可以购票前往严家民居或严家大院博物馆。此外，喜洲古镇东面的海舌半岛游客很少，风景非常美，蓝天白云绿树清波，还有出没其中的水鸟，尤其自然清新，摄影效果非常好。

🏠 大理州大理古城以北18千米处

🌐 从大理古城或下关乘坐开往喜洲的中巴

⑤ 喜洲古镇无需门票，镇上小景点单独收费（严家民居95元）

🕐 全天开放

蝴蝶泉 春夏皆宜

　　蝴蝶泉位于苍山脚下，是一个泉水清澈的方形泉池，由于富含离子使得水呈现一种奇幻的蓝色，不时涌出一串串银色气泡，十分漂亮。每年农历四月中旬蝴蝶会时，可以看到泉边漫天飞舞着成千上万只蝴蝶，非常神奇，而且当地人关于这里有非常浪漫的爱情传说，因此青年男女此时也会来到这里，寻找自己的意中人，非常热闹。平时前来，也可以看到蝴蝶大世界内繁育的几十种蝴蝶，颇为有趣。

🏠　大理古城以北约 25 千米的周城
🌐　从下关乘坐班车前往
💲　40 元
🕐　9:00—18:00

周边景点：上关花公园

　　上关花公园东临洱海，西枕苍山云弄峰，南距蝴蝶泉 1 千米。景区由山门、双胞大青树、花园、歌舞游乐园、天龙洞等组成。公园以久负盛名的上关花取名，上关花就在龙首关以北的关外花树村，称"十里香"，即木莲花，平年开12 瓣，闰年开13 瓣，花黄白色似玉兰，

香味四溢，明代史籍有载，清代被毁。今上关花公园中已栽培此花，三五年后上关花将会重现。

🏠 大理州南诏古关龙上关以南的关外
🌐 在大理下关搭乘从大理到洱源的客车即可到达
💲 30 元
🕐 8:00—18:00

周边景点：周城

　　周城是一处白族古村落。如今步入古村，依然可以看到白族建筑、穿着民族服饰的阿姨，民族风情浓厚。这里的扎染艺术尤其著名，参观、购买是很多游客来这里的首要原因。周城村不大，步行大约不到一个小时就可以逛完，村中有很多售卖扎染的店铺。拍摄染布人家晾晒花布的场景，也是很多爱好摄影的游客的最爱。需要注意的是，一般晾晒都是在早上到上午进行，下午就会收起，如果要拍一定要赶早前来。晾晒时，古民居里搭起高架子，一匹匹长条的画布飘扬在古色古香的院落里，煞是好看。

🏠 大理州大理市喜洲镇（大理古城以北）
🌐 在大理北客运站有旅游专车可以直达周城，也可在喜洲古镇处打车前往，仅 5 千米左右
💲 免费
🕐 全天开放

交通

飞机 / 大理机场

　　大理机场位于洱海东南岸，距离大理市区约 13 千米，目前开通有广州、上海、重庆、成都、深圳、昆明和西双版纳等地的航班。

　　下关—机场：每天都有大巴前往机场，乘车点位于苍山饭店。

　　大理古城—机场：大理古城南门游客中心景区直通车候车大厅有班车直达机场。

🏠 大理市洱海东岸的凤仪镇和海东乡交界处　　📞 0872-2428915

火车 / 大理火车站

　　大理火车站位于大理市，连接昆明市与丽江市，是市级火车站，属中国铁路昆明局集团有限公司管辖，有动车停靠。

🏠 大理市巍山路 261 号

📞 0872-3146161

🚌 乘坐 1 路、5 路、8 路、21 路公交在火车站下车即可

美食

玫瑰糖

　　玫瑰糖是大理地区一种传统食品，在这里世代居住的白族人在每年的四五月份采摘自己房前屋后的食用玫瑰花瓣，制作成玫瑰糖，然后做成各种点心的馅料，或者添加到各种冷饮中食用。在大理古城的街头，经常看到一些老奶奶把家里多余的玫瑰糖拿出来售卖，通过全国各地来大理旅游的人们口口相传，形成了独具大理地方特色的风味食品。

凉鸡米线

凉鸡米线是大理古城美食中的当家花旦，主要是由鸡丝和米线制成，以核桃酱和小粉做成卤汁，搭配着辣椒汁和蒜末，为了美观通常还会撒些葱花和芝麻，吃起来微辣。恰好的酸味、鸡肉的嫩和米线的香混为一体，极为爽口，很快就能将一碗滑下肚。

邓川乳扇

身着白族衣服的大嫂卖的邓川乳扇，是家喻户晓的名特食品。乳扇烤、炸、凉吃均可，甜、咸都适宜。乳香沁脾，酥脆泡松，是下酒好菜，也是名特小吃。烤乳扇在大理街边小摊都有卖。

木瓜水

木瓜水是一种透明的胶状物，有点像果冻，但比果冻口感软滑。传统的容器是铝盆，凝结好的木瓜凉粉在太阳下盈盈晃动着凉爽的波光。木瓜水以大理的"冰粉"最具代表性，当地小摊或一些餐厅都有卖。

破酥粑粑

破酥粑粑是喜洲镇最受欢迎的小吃之一，口味有甜、咸两种。粑粑外皮香酥内在绵软，且层次分明。喜洲镇内有很多卖粑粑的小店，其中以德生和比较出名。大理古城内也有一些小摊和食铺可以买到。

雕梅扣肉

雕梅扣肉是大理很受欢迎的一道美味佳肴。扣肉则大多为五花肉，与雕梅一同蒸制4个小时即可享用，肥而不腻，香甜入味。

木瓜鸡

木瓜鸡是白族美食文化中的一道名菜。材料有鸡杂、酸木瓜，辅以姜片、辣椒等佐料。味道鲜美，毫无油腻之感。

购物

剑川木雕

剑川木雕产于剑川县，主要用于建筑物装饰，以浮雕为多，尤其是云木雕花镶嵌大理石家具，用优质硬木精心雕出龙、凤、狮孔雀、梅花等传统图案，制成桌、椅、茶几等，再镶嵌上苍山特产的彩花大理石，显得古朴大方、新颖高雅。

下关沱茶

沱茶是云南茶中相当古老的制品，选用临沧、保山、思茅等30多个市县出产的名茶为原料，形如碗状，造型优美，色泽乌润显毫，香气清纯馥郁。汤色橙黄清亮，滋味醇爽回甘。

苍山雪绿

苍山雪绿是云南大叶良种名茶之一。外形条索紧细匀齐，色泽墨绿油润，香气馥郁鲜爽，滋味醇爽回甘，汤色黄绿明亮，叶底黄绿、嫩匀。

金银首饰工艺品

大理加工生产金银手饰历史久远，主要产品常见有绕丝银手镯、雕花银手镯、嵌玉银手镯，还有常见的金耳环、银耳环、戒指、项链、玉簪等上百种，其中"凤冠"是白族地区的民族特需品，最受人们青睐。

住宿

在大理，对住宿条件要求较高，并且资金充足的话，可以选择在下关。下关是大理白族自治州和大理市人民政府所在地，为全州政治、经济、文化中心，旅游接待设施更完善，有很多星级宾馆。如果是背包客或者想体验大理的民族文化，那么住在大理古城民宿客栈是很好的选择。大理古城有传统的白族民居，古城护国路（洋人街）上的许多私人旅馆、招待所，都是由旧时民居改建而成，古色古香，很有韵味。自助游客住在这里可以更好地体验大理的民族文化，别有一番情趣，而且古城的住宿价格比较便宜。

慵懒一段时光

© 丽江

丽江地处青藏高原与云贵高原的过渡地带，属于中国西南横断山区，其气候垂直分布明显，虽处高原，终年看见雪山，但雨量充沛，干湿季分明。大部分地方只有温凉之更迭，无寒暑之巨变，春秋相连，长春无夏，形成了明显的干季和湿季。丽江气候属低纬度高原季风气候，阳光充足，紫外线强，冬季干燥，风大，夏季凉爽，多雨。气温年温差小，单日早晚温差大。丽江古城海拔约2400米，一般人通常在丽江古城不会有高原反应，但一年四季紫外线很强，到丽江的朋友要要注意防晒，最好准备太阳镜。

丽江古城 四季皆宜

丽江古城又名大研镇，是茶马古道上最著名的城镇之一，已有八百多年的历史。古城内木楼青瓦，古街石巷，小桥流水，站在古城东大街上，举头即可遥望玉龙雪山。《一米阳光》《木府风云》等影视剧都在此取过景。古城依山而建，街巷依水流而设，四方街是古城的中心，当年也是茶马古道的交易市场所在。来到古城，可以临河漫步，跟着水流逛古城；也可以走街入院，感受纳西族建筑的内涵；更可以穿着拖鞋，坐在四方街上，与晒太阳的纳西族老太聊聊天，感受当地人的生活节奏；而夜幕降临，喧闹的酒吧街是感受丽江夜生活的不二之选。

🏠 丽江市古城区大研古镇
🅰 到达丽江后，可以乘坐 1 路、2 路、3 路、11 路等多路公交车到古城口站，可步行到达
Ⓢ 免费
🕐 全天开放

周边美食：滇厨餐厅·小锅巴纳西美食

这是来丽江不能错过的一家店，环境优美，价格实惠。虽然餐厅老板并不是当地人，但菜品是典型的云南菜，如果对当地特色菜品不熟悉，热情的老板会耐心地介绍招牌菜色。店面不大，一共有五六桌，但环境很好，布置很美，店里的装饰也很精心。

🏠 丽江市古城区五一街饮玉巷中段 21 号
🅰 丽江古城里可步行前往
🕐 11:00—23:00
📞 15608880033

周边住宿：暖花居客栈

暖花居客栈附近有众多著名景点，交通方便，闹中取静；亦有各色餐厅与酒吧，可轻松品尝特色美食以及体验丽江的艳遇文化。客栈设计风格独特、古色古香，有着浓郁的古镇气息，客房干净舒适，并提供旅游票务、洗衣、送餐、叫车、邮政、接机、租车、代客泊车等服务。花开暖一季，心恋暖一生，客栈温馨的院子，让人进门就有种放松的感觉。院子里的楼梯通到屋顶，站在屋顶眺望整个古城，意境悠远。

🏠 丽江市古城区五一街文林巷 19 号
Ⓐ 丽江古城里步行可到
🕐 标间约 150 元 / 天
☎ 18988044798

周边娱乐：迷城民谣音乐火塘吧

迷城民谣音乐火塘吧是很有个性的一家酒吧，非常适合在古镇转转之后歇歇脚，想安静地听歌手弹琴唱歌、享受丽江古韵的朋友们。值得一提的是，老板是酒吧很受欢迎的主唱，声音很有磁性，充满故事，人也很风趣，喜欢跟顾客聊天，每天都有很多人特意过来听他唱歌。

🏠 丽江市古城区振兴巷 3 号
Ⓐ 丽江古城里可步行前往
🕐 18:00—2:00
☎ 15608885455

束河古镇 四季皆宜

束河古镇是当年茶马古道上的重要驿站，依山傍水，构造布局与丽江古城相仿，屋舍错落有致，巷道间流水潺潺，环境优美。由于旅游开发较晚，束河古镇比大研古镇要幽静古朴得多。古镇因不受"世界文化遗产"等诸多条件限制，很多客栈的建筑风格都独具特色。如果纠结于大研古镇的喧嚣，不妨来这里小住几日，感受束河古镇的清闲。

🏠 丽江市大研古镇西北 5 千米处

🅰 束河古镇距丽江市区不远，可以骑行至束河，或乘坐出租车前往

🌐 www.ljshuhe.com

⑤ 免费

🕐 全天开放

周边美食：浮娴小锅饭

　　浮娴小锅饭位于束河中心，是一家临河的饭店，挨着束河主道，饭店共两层，对面是酒吧，装修很古朴，生意很火爆，去晚了经常没有位置，建议提前一点选座。在浮娴小锅饭门前水道旁，蓝蓝的天空，白云飘飘，安逸的环境下吃饭很是惬意。另外一定要点一份店里的特色铜锅饭，香味浓郁。

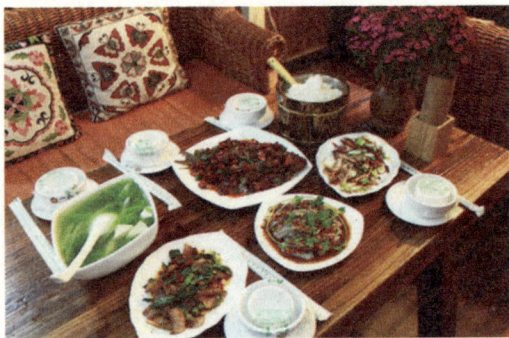

🏠 丽江市古城区束河古镇康普巷 30 号

🅰 束河古镇可步行前往

🕐 11:30—15:00，17:00—21:00

📞 13887752111

周边住宿：背包十年青年旅舍

　　有梦为马，随处可栖。这里是背包客小鹏和一群带着梦想的年轻人共同建立的家，也是小鹏十多年来世界旅行的一个小型博物馆。背包十年坐落于安静的束河古镇，在这里，可以在院子里晒着太阳看着蓝天白云发呆；可以跟刚结识的旅行者一起约伴出游，品味彩云之南的魅力；可以躲在房间里睡一个懒觉，享受这里每个房间拥有不同城市主题的浪漫气息；可以点一杯咖啡或者小酒窝在舒服的角落里看一本好书；晚上可以在露天影院看一场酣畅淋漓的电影或者为一场精彩的球赛呐喊狂欢；在这里，总有一种方式能抵达心中的远方……

🏠 丽江市古城区东康村七组 24 号

🅰 束河古镇附近步行可到

⑤ 床位约 65 元／天；主题标间约 240 元／天

📞 0888-5119161

玉龙雪山 春冬皆宜

　　玉龙雪山是纳西族人心中的神山，一共 13 座山峰连绵起伏，似银龙飞舞，因此得名。可直接乘坐索道上山，轻松欣赏高海拔冰川的瑰丽，是很多游客来此游玩的亮点。山脚的甘海子，是一片辽阔的牧场，春夏之际，草甸上龙胆兰、杜鹃盛放，在这里远望，玉龙群峰历历在目。海拔 3200 多米的云杉坪，更是纳西青年男女心中的圣地。这里是一片幽静的草甸，四周古木参天藤萝密布，环境幽静。玉龙十三峰下发育有 19 条现代海洋性冰川，远望如一片瀑布悬挂于扇子陡下方，在阳光的照耀下，泛着银光。

🏠 丽江市玉龙纳西族自治县北部

🅰 丽江古城口乘 101 路公交可直达景区

💲 进山费 130 元，大玉龙雪山（八景区联票）230 元。景区内接驳大巴车费 20 元，大索道 182 元（含 2 元保险，双程，至冰川公园），云杉坪索道 55 元（双程），牦牛坪索道 60 元（双程）

🕐 6:00—18:00（16:00 停止售票）；大索道、牦牛坪索道、云杉坪索道 7:00—18:00

片区景点：甘海子

　　甘海子是玉龙雪山东麓一个开阔的草甸，是个天然的大牧场，距丽江古城约25千米，这里有地毯般的草地，它从西面玉龙雪山脚一直铺到很远的天边。甘海子是仰视玉龙雪山全貌最近的也是最佳的地方。在这里可看到玉龙雪山的13个高峰由北向南依次排开，巍峨壮观，银光闪烁。

🏠 丽江市玉龙纳西族自治县白水河段
🚡 乘坐雪山直通车
💲 包含在玉龙雪山大景区门票内
🕐 7:00—18:00

片区景点：玉龙雪山高尔夫俱乐部

　　玉龙雪山高尔夫俱乐部是北半球唯一的雪山球场，全球海拔最高的球场之一。因地理环境得天独厚，人文景观别具一格，加之一流的球场设计、建造和项目管理，成为中国最具特色的高尔夫球场之一。 球场地处3100米海拔的高原之上，由于海拔较高，空气稀薄，地心引力小，18洞球道长度达8548码。球道设置布局精巧，前九洞与后九洞根据山水地貌不同，风格迥异。玉龙雪山球场是亚洲唯一雪山高尔夫球场，会所取当地民居建筑精华，独具民族特色，崇尚自然，古色古香。人在球场，宛如身处传说中的"香格里拉"世外桃源。

🏠 玉龙雪山甘海子
🚶 玉龙雪山附近步行可到
🕐 8:30—18:00
📞 0888-5163666

片区景点：蓝月湖

蓝月湖位于玉龙雪山的山脚下，属于玉龙雪山白沙河其中的一部分。蓝月湖湖水很奇特，水的颜色是绿色的，温度也比较冰凉，清澈见底，没受到一丝污染，犹如"人间仙境"。这里有从湖中长出来的松树，让人大开眼界。

🏠 丽江市玉龙纳西族自治县 15 千米处玉龙雪山蓝月谷内
🚶 景区内乘坐观光车可到
💲 门票包含在玉龙雪山景区门票内
🕐 随玉龙雪山景区开放时间

拉市海 冬季适宜

拉市海是一片水丰草美的湿地，湖畔青草依依，水中鱼虾成群，环境非常优美。湖边草木茂盛，如镜子般平滑的水面倒映着蓝天白云，宁静和谐。湖的四周都是纳西村庄，每个临湖的村子都开辟了马场，游人可骑马观景或划船休闲。这里还是很多候鸟的越冬栖息地，每年 12 月到次年 2 月之间的几个月，是拉市海观鸟的最佳时间。这时候，各地飞来越冬的候鸟有数十万之多，每天的清晨和傍晚是观鸟的最佳时刻。

🏠 丽江市区西侧约 10 千米处
🚶 丽江忠义市场乘 31、32 路到安中村站下，步行前往
💲 拉市海大部分地区无需门票，湿地公园处 30 元，骑马、划船另行付费
🕐 全天开放

周边景点：指云寺

指云寺建于清雍正五年（1727 年），于清朝咸丰年间毁于战火，光绪年间重修，现存大院及 5 个小禅院，为丽江五大寺院之一。寺庙建筑外形精巧，庭院内有植于两三百年前的岩桑、槐、银杏、脑脂梅和云南樱花等古树，环境幽静古朴。登上寺门口的石级，透过枝叶茂盛的古树，波光粼粼的拉市海尽收眼底，让人胸襟开阔。寺前湖光山色，农舍田畴错落有致，景致极佳。不远处有丽江雪桃基地，一般每年 10 月左右是雪桃上市的季节，如果此时去指云寺，一定要品尝一下。

🏠 丽江市玉龙纳西族自治县拉市乡海南村
Ⓐ 乘坐公交 31 路到指云寺站
Ⓢ 免费
🕐 8:00—21:00

泸沽湖 春夏皆宜

泸沽湖是云南省海拔最高的湖泊，风光旖旎，民风质朴。由于居住在当地的摩梭人奉行"男不娶女不嫁"的走婚制度，所以泸沽湖又被称为"东方女儿国"。其中，

奈终普岛、里务比岛和尼喜岛，是湖中最具观赏和游览价值的三个景点，被称为"泸沽三岛"。沿湖也有很多村庄，其中较繁华可以提供饮食住宿的主要有大落水村和里格村。湖北岸有尼塞村、小落水村和大嘴村，因游客较少也更为宁静。当然，环湖是感受泸沽湖魅力的最佳方式。不管是单车、乘车甚至徒步，沿途的湖光山色和质朴的摩梭村庄都能让人频频驻足。

🏠 丽江市宁蒗彝族自治县东北部永宁乡
🅰 丽江古城口玉河广场有专线车前往大落水村和里格岛。另外，丽江高快客运站、新客站每天都有班车前往
💲 70 元
🕐 售票处运营时间 8:00—18:00，景区内部全天开放

片区景点：泸沽湖观景台

泸沽湖观景台是观看、拍摄泸沽湖全景的最佳位置，游客到达泸沽湖几乎都会到这里拍照，景区最为人熟知的官方宣传照片也是出自这里。这里视野非常开阔，整个湖面都尽收眼底，蔚蓝的湖水、湛蓝的天空，还有绿树环绕的湖岸、景色优美的尼喜岛，构成一幅美妙的画卷，正是摄影师们无比热爱的拍照天堂。

🏠 丽江市宁蒗县泸沽湖南岸，307 省道边
🅰 丽江到泸沽湖的车辆基本都会在这里暂停供乘客拍照
💲 包含在泸沽湖景区门票内
🕐 全天开放

周边住宿：泸沽湖静水流深客栈

　　泸沽湖静水流深客栈位于大落水村，紧依泸沽湖，靠近摩梭民俗博物馆，地理位置优越，风光秀丽。客栈巧妙地结合了当地摩梭文化和现代都市文化，匠心独运。客栈拥有家庭房、商务房、蜜月房、闺蜜房等多种特色房型供选择，风格各异，主题鲜明，在此入住可尽享惬意与乐趣。

🏠 丽江市泸沽湖风景区泸沽湖大落水村
🅰 泸沽湖附近步行可到
$ 200~400 元不等
📞 18787634700

周边美食：女儿国摩梭饭店

　　女儿国摩梭饭店是一对老夫妇开的，他们很是热情、豪爽，饭店菜品不但口味好，也很便宜，就餐环境卫生，门口正对着湖，可以搬几张凳子一张桌子，坐在湖边的木平台上饮茶、喂海鸥。

🏠 丽江市泸沽湖风景区泸沽湖大洛水村湖滨路
🅰 泸沽湖附近可步行前往
🕐 8:00—24:00
📞 15908725189

老君山国家公园 春季适宜

　　老君山国家公园主峰海拔 4515 米，因相传太上老君曾在此炼丹而得名。公园里有大片丹霞地貌，还有杜鹃花海、珍稀动物等，住在景区内的黎明村，早起还能观赏神奇的"太阳三起三落"景观。游玩老君山的最佳季节是每年 5 月—6 月，这时杜

鹃花盛开，一<u>丛</u>丛一簇簇，整个山区变成一片杜鹃花的海洋。此外，浓密的原始森林里还居住着珍稀的滇金丝猴，如果有幸看到，绝对是极好的运气。游玩老君山，普通游人多以黎明高山丹霞片区为主。格拉丹高山草原片区和金丝厂片区因为路途较远，交通不便，是户外玩家的最爱，徒步穿越或者露营期间，都是不错的体验，但要注意安全。

🏠 丽江市玉龙纳西族自治县内
👤 建议在丽江包车前往
💲 黎明景区门票 70 元
🕐 9:00—17:30

片区景点：九十九龙潭

在老君山主脊线北东侧海拔 3800 米以上的山地坳里，有湖泊、沼泽数十个，沿溪流成串分布，被称为"九十九龙潭"。九十九龙潭三潭互依，所以它又被称为"三眼潭"。在到九十九龙潭的途中，会看到九块奇美的巨石，它们形态各异、厚凝神秘，当地的人们把它们称为"九子石"。潭水来自春天的融雪和夏季的降雨，清澈冰冷，水质优良。湖水溢出后，汇成小溪，形成瀑布，集为小河，穿越原始森林，最终奔向金沙江、澜沧江。这些冰蚀湖泊，形状各异，湖水幽深，在阳光和花木的映照下呈现出蓝、橙、黄、绿的绚丽色彩。其中最大的黄龙潭深不可测，潭中有棵红珊瑚树露出水面，不时泛起红波。冬天的九十九龙潭遍布着冰棱，是一个天然的冰雕世界，奇美无比。

🏠 丽江市丽东县城西南老君山北侧的主峰脚下
👤 老君山附近步行可到
🕐 9:00—17:30

交通

飞机 / 丽江三义国际机场

　　丽江三义国际机场为海拔 2240 米的高原机场，周边地形地貌环境复杂，是仅次于昆明的云南第二大航空港，是继昆明长水国际机场、西双版纳嘎洒国际机场之后云南第三个国际机场，已开通丽江至北京、上海、广州、成都、深圳、贵阳等航线。

🏠 丽江古城区西南七河附近　　　　　📞 0888-5173081
🅰 丽江古城北门、南门均可乘坐机场巴士市区专线往返机场

火车 / 丽江火车站

　　丽江火车站位于大丽铁路（大理—丽江）线上，是大丽铁路的终点站，也是云南省第二大火车客运站。

🏠 丽江市玉龙县城南口片区上吉村
🅰 1. 乘坐 16 路、18 路公交直达
　　2. 乘坐 103 路旅游专线可往返束河古镇，104 路专线可往返丽江古城

美食

纳西烤肉

　　纳西烤肉是丽江茶马古道上流行起来的一道传统的马帮菜，主料是新鲜五花肉经过香料腌制而成的，然后经过火烤和油炸，看上去油光闪闪，实际一点不油腻。猪皮

金黄松脆，吃起来脆香嫩爽，一定要蘸当地的辣椒粉，香香辣辣，不一会儿盘子就能见底。

丽江粑粑

丽江粑粑是纳西族独有的风味食品，有着悠久的历史，明代《徐霞客游记》中已经有记载。它色、香、味俱佳，且不易变质，分为咸甜两类，可以根据口味任意选用，有的搭配酥油茶一起吃，更是其味无穷。根据做法，分为火烤粑粑、水焖粑粑和锅边粑粑。在古城四方街，有许多专营丽江粑粑的铺子，多为成年女子经营，她们有着娴熟的技巧和精湛的手艺，生意红火，顾客盈门。

包浆豆腐

包浆豆腐是丽江古城里最受欢迎的小吃之一，豆腐被烤得鼓鼓的、黄灿灿的，甚是可爱，加上佐料蘸着趁热放嘴里，特别好吃。

杜鹃花炒蛋

杜鹃花炒蛋是云南的家常菜肴，花宴中的一道特色菜。丽江被誉为植物王国，光杜鹃花就有一百多个品种，将其精心烹制，蛋的香柔和花的香脆融在一起，味道独特。

酥油茶

丽江人素来爱吃酥油茶，丽江的酥油茶也演化出了自己的风味，把酥油和茶叶放在酥油桶中打碎搅匀，再撒上核桃磨成的细粉。多和水焖粑粑一同食用。配上酸菜炒洋芋、一盘鸡豆凉粉是纳西人标准的午饭配备。

丽江三文鱼

丽江三文鱼是生长在玉龙雪山冰川融水之中，以小鱼小虾为食的高原淡水三文鱼。"一鱼三吃"是最为常见的做法，剔出鱼刺，切成很薄的鱼肉片生吃，头尾连骨肉下火锅，鱼皮干炸下酒。花马街上有几家不错的店，可以品尝下。

腊排骨火锅

腊排骨火锅是纳西名菜"三叠水"的第三叠——"热烈叠"中的一道主菜，很多店里都能吃到。由丽江腊排骨、土豆、豆芽、冬瓜、树番茄一锅煲出，排骨软糯而不离骨，吃的时候就能闻到一股浓浓的腊香味。若是吃到一半不觉过瘾，还可加份丽江酥肉，就算炖久了也依然香脆。

鸡豆凉粉

　　鸡豆凉粉是丽江古城里的招牌食品，有凉吃和热吃两种吃法。夏季多凉吃，把凉粉切成片，然后加入五颜六色的佐料，色香味俱全，而且消暑开胃。冬天，用平底锅将凉粉片煎得两面金黄，再依不同的口味配以不同的佐料，同样色香味俱全。加上当地的水焖粑粑，是味道极佳的搭配，在当地很受欢迎。

购物

银器

　　丽江出产的银被称为雪花银，打制出的银器工艺品纯度高、硬度低、亮度高，工艺精湛，造型丰富而独特，是不可多得的馈赠佳品。

布农铃

　　布农铃是一种铃铛挂件，一般是店主自己设计，手工制作。铜铃的声音很清脆，铃铛下挂着的木牌还有各种手绘的图案。送朋友的话，还可以写一些祝福语，很有特色。

扎染布

　　扎染布是到丽江一定要买的东西。东巴扎染借鉴了白族扎染和苗族蜡染的工艺，并加入了东巴元素，制作的扎染布具有浓郁的民族风情和独特的审美价值。不管是作为桌布、壁挂还是床单被罩，都别有一番韵味。

摩梭手织围巾

摩梭手织围巾是泸沽湖摩梭人的特色饰品，由彩色棉线织成，边缘有短小整齐的流苏。在丽江大研古城和束河古镇的大街小巷随处可见，是当地的特色商品，佩戴起来素雅大方、厚实温暖。

丽江雪茶

丽江雪茶又名太白茶，形似白菊花瓣，颜色洁白如雪。因为它只生长于海拔4000米以上的雪域高山苔藓植物带，所以都是天然野生，不能人工栽培，是茶中珍品。

东巴纸

东巴纸是采用纳西人古老工艺手工制作的纸，采用云南当地独有的一种植物丽江荛花的树皮制作而成。纸质厚实，耐腐蚀耐磨损。因荛花有微毒，故东巴纸还能抗虫蛀，所以，很多年前，老东巴抄写佛经都是用的这种东巴纸，据说可以保存千年不腐。

螺旋藻

丽江程海是世界上三处最适合生长螺旋藻的湖泊之一。这里的钝顶螺旋藻是最优质的品种。它所含的营养成分具有保健和医疗功效。丽江街头可以看到多家经营螺旋藻的店铺，其中绿A品牌为最早也是最靠谱的。

住宿

丽江的住宿大部分都是客栈，多达上千家，因此，选择客栈往往是出行去丽江的第一件事。丽江古城客栈大都为土木结构，保留着纳西族原有的风情，各种房型价格不等，从一百多到上千元均有，部分高档民宿及套房价格较高，可以根据自己的需求进行选择。节假日价格有波动，部分民宿需提前预订。

Ⓓ 香格里拉

祥和的世外桃源

◎普达措国家公园 ◎松赞林寺 ◎虎跳峡
◎独克宗古城 ◎纳帕海 ◎梅里雪山

香格里拉市内雪山耸立，河谷深邃，地处高海拔低纬度地带，气候随海拔升高而变化。一年四季太阳辐射充裕，气温年较差小，全年无夏，平均气温5.5℃。受西南季风和南支西风急流的交替控制，干湿季节分明，6月—10月阴雨天气多，11月—5月晴天多，光照足，蒸发量大。且香格里拉地势南低北高，南部迎南来暖湿气流，降水相对丰富，气候湿润，北部则相对干燥。整个区内大气透明度高，太阳辐射强，白天增温剧烈，夜间降温快，气温日较差大，干季气温日较差可达30℃，可谓"一年无四季，一天有四季"。

普达措国家公园 春秋皆宜

普达措国家公园是世界自然遗产"三江并流"风景区的重要组成部分，主要由碧塔海、属都湖和霞给民俗生态文化村三部分组成。公园内风景优美，原始生态环境保存完好，既有明镜般的高山湖泊、水美草丰的牧场，也有百花盛开的湿地和茂密的原始森林。每年的春秋两季，是游览普达措的最佳时节。春季，五颜六色的杜鹃花铺满山坡；秋季的普达措，则是一片五彩斑斓的景象。

🏠 迪庆州香格里拉市以东 22 千米的双桥

🅰 香格里拉客运站每天一班去普达措的班车，现阶段，由于景区环保整治，普达措关闭了碧塔海和弥里唐亚高山牧场。

💲 138 元

🕐 8:00—17:00

片区景点：霞给藏族文化生态旅游村

霞给藏族文化生态旅游村位于属都湖、碧塔海及白水台旅游东环线上，是通往香格里拉各主要景区的必经之地，同时也是香格里拉文化走廊的第一站。交通便利，通信发达。霞给村依山傍水，风光如画，民风民俗浓郁，风情迷人，被誉为"香格里拉第一村"。旅游村的周围是天然原始森林，风景如画，将霞给村包围在大山的怀抱中，双桥河弯弯曲曲，宛如一条玉带自村中流过。此外，霞给村还有一系列手工作坊，可以看到藏族民间艺人精雕细刻，制作原始古朴的手工艺品，使各种面临失传的藏族传统手工艺重新获得生命力。

🏠 迪庆州香格里拉城东 18 千米

🅰 普达措附近步行可到

💲 免费

🕐 全天开放

松赞林寺 四季皆宜

松赞林寺坐北朝南，外围筑有椭圆形城垣，扎仓、吉康两大主殿位于寺中心的最高点。大殿为五层藏式建筑，雕梁画栋，顶部为鎏金铜质金顶，金碧辉煌。两座大殿的周边，八大康参、僧舍等建筑簇拥在周围，高低错落，映衬得两座大殿愈发高大雄伟。每年的藏历十一月二十六日至二十九日，是香格里拉地区一年一度的格冬节。这天，松赞林寺会举办盛大的跳神活动，四周的藏族同胞都会聚集在寺里，场面热闹非凡。

🏠 迪庆州香格里拉市尼旺路
🅰 从香格里拉乘 3 路公交，终点站为松赞林寺
Ⓢ 90 元
🕐 7:30—18:30
📞 0887-8229411

周边景点：拉姆央措湖

拉姆央措湖，藏语意为"圣母灵魂湖"，位于松赞林寺对面。拉姆央措湖面不大，但在藏族聚集区远近闻名，景色秀美异常，湖中四季有各种水鸟生息，黑颈鹤、黄鸭等水鸟随处可见。天气晴朗时，水清如镜，湖山相映。时而天空会乌云密布，无风起浪，湖水会发出奇特的声响，还会出现各种奇妙景象。很多出彩的摄影作品便是以此湖作为前景呈现的。

🏠 迪庆州香格里拉市
Ⓢ 门票已包含在松赞林寺景区门票内
🕐 全天开放

周边景点：扎雅土司庄园

扎雅土司庄园是香格里拉最大的土司庄园，据说为电视剧《香格里拉》中多吉老爷的府邸。庄园背靠雪山，面对县城，闹中取静。庄园主要由藏式主楼、藏文化陈列室、经堂和藏式客房组成。土司庄园占地约 5000 多平方米，庑殿顶的房屋设计开阔大气，大门前，有土司老爷的出行骏马，游人可以骑马绕行庄园。

🏠 迪庆州香格里拉市康珠大道 157 号
🅰 香格里拉市内可步行抵达
Ⓢ 人均 200 元
🕐 18:30—21:00
📞 18587099333

虎跳峡 春夏秋适宜

　　虎跳峡是世界上落差最大的峡谷，分为上、中、下虎跳三段，全长约 20 千米。金沙江奔流至此，被玉龙、哈巴两大雪山所夹峙，江面最窄处仅二三十米，加上巨大的落差，江水奔腾汹涌。除了雄奇的自然风光，虎跳峡更是世界知名的徒步胜地，每年慕名而来的户外爱好者络绎不绝。走过中虎跳，下到江边，才能真正领略到虎跳峡恢宏磅礴的气势。虎跳峡以奇、险、雄、壮著称。其中，上虎跳以"峡口"和"虎跳石"称雄，中虎跳以"满天星"和"一线天"为险，而下虎跳则以"高峡出平湖"和"大具风光"为美。

🏠 迪庆州香格里拉市虎跳峡镇东北部
🚗 直接包车前往更方便
💲 45 元
🕘 9:00—16:30

独克宗古城 四季皆宜

　　独克宗古城为唐代吐蕃王朝所建，古城依山而建，路面就地势铺筑石板，自然起伏。至今，石板路上甚至还能看出马蹄的印迹，这是岁月久远的马帮留下的信物。古城的建筑布局犹如八瓣莲花，中心是月光广场，古朴的藏式木屋一幢接一幢环绕在四周，当地百姓在这里平静地生活。广场西侧是大龟山，又称龟山公园，是当地著名的景点，龟山顶上有载入吉尼斯世界纪录的世界最大转经筒，要三个人一起用力才能转动。龟山公园西北侧的四方街，每晚 7 点开始的藏族锅庄总是能吸引大量游人参与其中，如果恰好遇到，一定要参与到这份快乐中去。2014 年 1 月古城因发生火灾，不少建筑不幸被烧毁，如今商业街绝大多数房屋是后来重建的。

🏠 迪庆州香格里拉市团结路
🚗 香格里拉市内步行可达独克宗古城
💲 免费
🕘 全天开放

片区景点：龟山公园

龟山公园建于清康熙年间，此园依山而建，山顶是朝阳楼，高三层，登上楼顶，独克宗城尽收眼底。山脚下是可供全镇人饮用的古井，清冽甘甜。多年前每天清晨，背水少女成群结队，成为古城一道亮丽的风景。公园内的龟山寺和转经筒，为公园里最具特色的建筑。

🏠 迪庆州香格里拉市独克宗古城后方
Ⓐ 独克宗古城附近步行可到
Ⓢ 免费

片区景点：碧纳家访

家访是一种体验原生态藏族风俗的互动活动，进入藏族同胞的家，有老者在门口献哈达，卓玛在门口敬青稞酒，然后让到堂屋内，落座后敬上热腾腾的酥油茶、青稞炒面、油炸的一些食品，青稞酒可随意喝，献歌献舞献哈达，藏族小伙舞蹈彪悍、歌喉浑厚，藏族姑娘舞姿婀娜、歌喉嘹亮高亢。香格里拉藏族歌舞种类繁多，最具代表性的是建塘镇锅庄舞、尼西情舞、塔城热巴、德钦弦子舞、牦牛舞等。

🏠 迪庆州香格里拉市金龙街那举廊44号
Ⓐ 独克宗古城附近步行可到
🕐 18:00—20:00

纳帕海 四季皆宜

纳帕海是高原季节性湖泊，四季景致各有特色，夏末秋初是雨季，此时水量较大，纳帕海是一大片湖泊，湖边是一小片草场。夏天水草丰满，草原上点缀着小花，羊、牛、马成群吃草，和草原融为一体；秋天的草原一片金黄，皑皑雪峰倒映在湖泊中，煞是好看。而到了冬春旱季，湖面缩小甚至干涸，变成大片的沼泽草甸——依拉草原。景区的入口处有座八瓣莲花白塔，这样的塔全世界只有两座，另一座在印度。景区内可以付费骑马看花，如果为了拍照而来，可以爬到景区附近的高处，拍出的效果更好。

⌂ 迪庆州香格里拉市区西北部
Ⓐ 古城停车场有到纳帕海景区门口的直达班车
Ⓢ 40元
🕐 8:00—18:00

周边景点：石卡雪山

石卡雪山与纳帕海相邻，虽称为雪山，其实仅在每年11月至次年4—5月间有积雪，其余时间则是山岩裸露，不过山间低矮处则草甸茂密、杜鹃花盛开，徜徉其间，非常惬意。石卡雪山景观四时不同，可归纳为一句话"春看绿草夏看花，秋观秋色冬观雪"。5月的时候，顶峰的积雪依然皑皑，但山脚下已是春色满园。碧绿的草甸上，牛羊成群，炊烟袅袅，一片和谐的田园风光。夏季则是花的海洋，漫山遍野的杜鹃花争奇斗艳，令人心醉。九月至十月，山下的草甸被盛放的狼毒花染成一片红色，山间则是大片金

黄的红杉和杨树、桦树。而冬季整个石卡雪山则是一片白皑皑，在蓝天白云的映衬下，格外圣洁。

🏠 迪庆州香格里拉市建塘镇西南
🚌 可在香格里拉市新华酒店门口（原体育场对面）乘坐景区免费直通车
💲 220 元（含索道费用）
🕐 8:00—16:00

梅里雪山 秋季适宜

　　梅里雪山又称太子雪山，是云南省第一高峰，是藏族聚居区八大神山之一。梅里雪山海拔 6000 米以上的山峰有 13 座，簇拥在主峰卡瓦格博的周围，俗称太子十三峰。其著名的"日照金山"是很多背包客梦寐以求难得一见的胜景。观赏梅里雪山的最佳时间是每年 10 月至次年 5 月，这段时间内，天气晴好，看到主峰卡瓦格博及其他山峰的概率最高，其他时间则要看运气。观赏、拍摄梅里雪山全景，有两个不错的位置，分别是雾浓顶观景台、飞来寺烧香台。

🏠 迪庆州德钦县云岭乡西部
🚌 从香格里拉市每天有班车发往德钦，车费约 67 元，车程约 5~6 小时。从德钦到飞来寺、西当温泉的班车不定时，详询德钦县客运站 0887-8413322
💲 150 元套票（含金沙江大湾 60 元、雾浓顶观景台 60 元、飞来寺观景台 60 元）；228 元套票（含金沙江大湾 60 元、雾浓顶观景台 60 元、飞来寺观景台 60 元、明永冰川 78 元）；230 元套票（含金沙江大湾 60 元、雾浓顶观景台 60 元、飞来寺观景台 60 元、雨崩 80 元）
🕐 7:00—16:00

片区景点：飞来寺

　　飞来寺正对梅里雪山主峰卡瓦格博，距今已有 380 余年历史。但飞来寺本身是个很小的寺庙，平时只有一个喇嘛、一只猫、一只大公鸡为伴。真正让飞来寺出名的是"日照金山"的景观，日出的时候，阳光洒在梅里主峰上，雪山仿佛放出金色的光芒，非常壮观。"日照金山"并不是每天都能看到，夏季气候较好，但雨水也较多，山峰很可能被云雾挡住。最佳观看时间是 10 月—12 月，这时是旱季，天气挺冷的，但山上云雾比较少，看到的概率比较高。

🏠 迪庆州德钦县 214 国道旁
🚗 德钦到飞来寺无班车，可在德钦打车或和旅友拼车去飞来寺
💲 飞来寺村子免费，观景台门票包含在梅里雪山通票中
🕐 飞来寺村子全天开放，观景台 24 小时有人值班，寺院开放时间为 8:00—17:00

片区景点：雨崩村

　　雨崩村是梅里雪山神女峰脚下的一个藏族村寨，分上雨崩、下雨崩两村，上雨崩可以通往冰湖和笑农大本营，下雨崩则通往神瀑和神湖。此外，也是梅里雪山转山的必经之地。由于地处大山深处，又不通公路，雨崩好似一处世外桃源，在驴友间流传一句话：不去天堂，就去雨崩。雨崩是拍摄神女峰景色的绝佳地点之一，天晴时，最好的拍摄位置是南宗垭口和上雨崩的梅里客栈和徒步者之家，以及下雨崩的神瀑客栈。

🏠 迪庆州德钦县雨崩村

Ⓐ 德钦乘车到西当每天有一班到西当的班车

Ⓢ 包含在梅里雪山景区套票内，金沙江大湾＋雾浓顶＋飞来寺＋雨崩村 230 元

Ⓒ 全天开放

片区景点：神瀑

神瀑位于梅里雪
山神女峰脚下，是梅
里雪山融化形成的一
道不是很大的瀑布。
细细的水流从高处飘
摇而下，被风吹成散
开状，如遇阳光明媚
的时候，则能看到五
彩斑斓的彩虹，当地
人谓之吉兆。神瀑在
当地藏族同胞心中有

着神圣的地位。内转山的一件要事就是要转神瀑，围着神瀑歌舞后，在瀑布下被神水
淋湿，以祈求神灵的保佑。还有人会带回神瀑的水回家，据说可以治疗多种疾病。通
往神瀑的路上有众多石子堆成的玛尼堆，是转山的藏族同胞堆砌而成的，游人经过时，
也可为其添加一些石子，也算是一种积福。

🏠 迪庆州德钦县云岭乡境内的卡瓦博格峰南侧

Ⓐ 从雨崩村徒步前往

Ⓢ 包含在雨崩门票里

Ⓒ 全天开放

交通

飞机 / 香格里拉机场

香格里拉机场位于香格里拉城西南部，通航城市有昆明、重庆、拉萨、广州、西双版纳、云南、上海等。香格里拉每天到昆明的航班较多，约一个小时可以到达。

🏠 迪庆藏族自治州香格里拉市西南郊

📞 0887-8229797

🚌 香格里拉机场没有机场大巴，可以打车前往

美食

酸奶

酸奶是藏族家里常见的奶制品，是用提炼过酥油的奶制作的。当地居民称它为"长寿食品"，因为它具有非常丰富的营养价值，既容易消化，又很容易被吸收。口感上甜甜的，恰到好处的酸味，爽滑可口。

糌粑

糌粑是藏族的主食，用青稞或豌豆炒熟之后磨成面粉，用青稞酒或酥油茶拌着捏成小团吃，也可调以盐茶或酸奶。营养很丰富，携带也很方便，当地牧民们通常腰间挂一个放糌粑的袋子，饿了能直接抓着吃。

藏式糕点

藏式糕点的品种繁多，油炸果、"八撒"糕点是最为普遍的，用于喜庆佳节，招待宾客。油炸果，以精面、酥油、糖等原料搓成吉祥结的形状放入滚油中炸成。"八撒"糕点，

是先将面粉制成蚕豆大小的面球蒸熟，放入酥油汤中煎炸后加入奶酪红糖制作而成。

琵琶肉

琵瑟肉是一种采用藏族传统的腌肉方法制作的肉食。取宰杀后的整猪，去其内脏和大骨，加入盐巴等佐料后缝合，然后用石板压平风干，再悬挂于火塘之上烟熏而成。吃时口感肥而不腻，并可多年保存。

购物

藏刀

香格里拉藏刀牌子很多，但是最好的是"卡瓦"和"卡卓"两个品牌，几百年的手工传承，削铁如泥的锋利，雕工的精美，不是其他品牌刀能比的。

冬虫夏草

冬虫夏草又叫虫草，与人参、鹿茸齐名，产于海拔 3000 米以上的高寒地带。虫草的形成十分奇妙，冬天变成虫，夏天变成草。当它形成夏草时，是采集的最好季节。不过冬虫夏草真假难辨且价格不菲。且早在 2016 年，原国家食品药品监管总局便发布消费提醒：冬虫夏草属中药材，不属于药食两用物质。

牦牛肉

牦牛常年生活在海拔 3500 米以上地区，这些地方生长着许多野生药种如贝母、虫草等，牦牛常食这些药材，其肉营养丰富、鲜美无比。牦牛肉可炒、红烧、清炖或晾晒成干等，味道独特。

奶酪

藏族素有食用奶酪的传统习惯，他们利用富余的牦牛奶制作成酥油和奶酪等乳制品。奶酪，即俗称的"曲拉"，白色，味酸，奶香浓郁。

住宿

香格里拉的住宿条件完全可以满足游客的需要，各个档次的宾馆和招待所都有，价位也不同。独克宗古城内多为一些民居式客栈，这些客栈的价格比较便宜，住宿环境也很好，也有中、高档酒店供选择。如果想体验自然风光，纳帕海附近有很多特色客栈可以选择。

Ⓔ 西双版纳

神奇的乐土

◎野象谷 ◎勐仑植物园 ◎基诺山寨
◎西双版纳傣族园 ◎勐泐大佛寺

西双版纳地处北回归线以南的热带北部边缘，气候类型为热带季风气候，山区为亚热带季风性湿润气候，终年温暖，阳光充足，热量丰富，湿润多雨，具有「长夏无冬、一雨成秋」的特点。一年只分为雨季和旱季两季。雨季长达5个月（5月下旬—10月下旬），旱季则长达7个月之久（10月下旬—次年5月下旬）。西双版纳属于太阳直射地区，入射角度高，太阳辐射强，气温高。4月至10月下旬气温在22℃以上，11月至次年3月，气温在12℃~13℃之间。年平均气温为18℃~20℃，年温差小，日温差大，地区间差异大。极端最高温达41℃，极端最低温达－4℃，年温差为10℃左右，但日温差在18℃左右。

野象谷 春秋冬适宜

西双版纳野象谷由于亚洲野象频繁光顾而得名，来这里，一是看大象表演，二是看热带雨林。景区内有长达四千多米的步行道蜿蜒于热带雨林之间，可以漫步其中，感受热带雨林的气息，步行道两旁不仅可以见到少见的热带植物，还可以看见野象留下的脚印、粪便等痕迹。幸运的话，或许还能看到林间漫步的野象群。景区南门附近每天都有固定的大象表演，憨态可掬的大象会跳舞、过独木桥，甚至会用鼻子踢球，非常精彩。近距离与训练有素的大象来个亲密接触，既安全又有趣，也是很不错的体验。

🏠 西双版纳州景洪市勐养镇三岔河，距景洪市 36 千米
🚌 景洪版纳客运站有开往野象谷的班车，8:30—11:00，每 40 分钟一班，车费 19 元
💲 60 元
🕐 8:00—18:00

勐仑植物园 春秋冬适宜

勐仑植物园是当地人的称呼，全称为中国科学院西双版纳热带植物园，素有"植物王国的缩影""绿宝石的心脏"之誉。园区分东区和西区两部分，游玩的主要看点在西区，由多个小的植物园组成，集中了各类热带植物 1500 余种，气势磅礴的独木成林、五彩缤纷的空中花园、奇特的老茎开花等都让人眼界大开；东区是一片狭长的热带雨林，适合徒步穿越，可以看到大片的野生兰花，绞杀树等奇观也不难看到。林间大部分区域都铺设有观景步道，注意不要偏离，以保护植物。

🏠 西双版纳州勐腊县勐仑镇

🅰 景洪客运站和西双版纳客运站都有直达植物园的班车

🌐 www.xtbg.ac.cn

💲 80 元

🕐 8:00—18:00。园内电瓶车服务和导游服务 15:00 结束

基诺山寨 四季皆宜

基诺山寨是基诺族世代繁衍生息之地。基诺山，古称攸乐山，是历史上有名的六大茶山之一，在云南古代第一部风物特产百科全书《滇海虞衡志》中曾有记载。在这里不仅可以观赏基诺山风光，还可以体验浓浓的基诺族民俗。演出集中在寨子中央的太阳广场，身着基诺族服饰的青年男女，手持道具载歌载舞，气势恢宏。游人可以边吃当地特有的烤肉，边欣赏民族风情浓郁的表演。

🏠 西双版纳州景洪市基诺乡巴坡村

🅰 景洪市版纳客运站乘坐去往基诺山寨的车

💲 160 元，包含导游讲解和免费水果、饮料等

🕐 9:00—18:00

西双版纳傣族园 春秋冬适宜

　　西双版纳傣族园由保存最完好的五个傣族自然村寨组成，分别是曼将、曼春满、曼听、曼乍、曼嘎。无论走进哪一个寨子，都会看到典型的缅式佛塔和传统的傣家竹楼，感受到浓郁的傣家文化。西双版纳傣家人最隆重的节日莫过于泼水节，在傣族园的泼水广场，可以感受到这热烈的场面。这里"天天都是泼水节"，上百人聚拢在水池边，相互泼水，洗去尘埃和罪孽。在傣族园，除了傣家风情的展示，还可以尝到品种多样的热带水果和口味独特的傣家菜。

🏠 西双版纳州景洪市勐罕镇橄榄坝
🚩 景洪客运站乘坐去往勐罕的班车可直达傣族园
💲 门票 45 元，景区电瓶车 35 元，租借泼水服装 40 元
🕐 8:00—18:00

勐泐大佛寺 四季皆宜

　　勐泐（lè）大佛寺是在古代傣王朝的皇家寺院"景飘佛寺"的原址上恢复重建的。"景飘佛寺"是傣族历史上一位名叫拨龙的傣王为纪念病故的王妃南纱维扁而修建。王妃一生信奉佛法，所以每逢节日傣王就亲临寺院，举行大型法会，以纪念爱妃，同时弘扬佛法。据史料记载："景飘佛寺"始建于明代，是南传佛教，

是西双版纳的标志性建筑之一，也是西双版纳佛教活动的重要场所。

🏠 西双版纳州景洪市勐泐大道顶端 4 路 1 号
🚌 市区可乘 2 路公交前往
💲 120 元
🕐 8:00—17:00

周边景点：西双版纳总佛寺

西双版纳总佛寺是西双版纳佛教信徒拜佛的中心，佛寺所在地为一矩形大院，院门开于北边西端，由佛殿"维罕"、佛学院教学楼、"波苏"、僧房"哄暖"几个部分组成。总佛寺，傣语称为"洼巴洁"，新中国成立前是西双版纳地区最高统治者及其土司头人拜佛的圣地，

也是西双版纳佛寺中等级最高的佛寺。现今的院楼北墙前筑有供坛，供有数尊佛像，墙壁上绘有佛经故事，东墙供台上供有一尊七臂神佛。

🏠 西双版纳州景洪市坝吉路曼听公园附近
🚌 景洪市内乘坐 6 路公交到坝吉路口后步行前往
💲 免费
🕐 8:00—17:00

周边景点：曼听公园

曼听公园是西双版纳最古老的公园，是个天然的村寨式公园。当地人习惯称之为春欢园，意为灵魂之园。因为这里以前是傣王的御花园，王妃来游玩时，灵魂被美丽景色所吸引，因而得名。园内设有民族文化广场、藤本植物区、热带兰圃、孔雀园、放生湖、佛教文化区、植树纪念区、茶园文化区等八个景区，体现了"傣王室文化""佛教文化""傣民俗文化"三大主题特色。公园内有干栏式佛寺、凉亭和花果园，园内绿树成荫，清凉宜人。每天晚上会有篝火晚会和演出。

🏠 西双版纳州景洪市曼听路 35 路
🅰 市区乘坐 6、7 路公交车可直达
💲 白天 40 元
🕐 8:00—17:00

周边景点：西双版纳民族博物馆

西双版纳民族博物馆三面被葱茏的天然林、橡胶林环抱，主展区分为五大板块。第一板块为"勐泐回望——西双版纳历史帆影"，通过不同时代的考古发现、汉文及傣文文献的记载，以及在中国共产党的领导下各族人民当家做主，齐心协力建设富裕、民主、文明、和谐西双版纳的光辉历程，讲述西双版纳历史沿革。第二板块为"和睦颂歌——西双版纳民族风采"，以单元形式展示生活在西双版纳各民族相互交融又独具特色、多姿多彩的民族文化。第三板块为"雨林情韵——西双版纳自然掠影"，展示西双版纳地理、自然和古代生物与现代生物状貌。第四板块为"文化兴边——多民族的和谐家园"，展示各民族的文化典籍与艺术遗存，民族民间文化艺术传承与发展的成果。第五板块为"睦邻友好——开放活州的西双版纳"，展示西双版纳与湄公河流域国家源远流长的往来交流历史。

🏠 西双版纳州景洪市雨林大道
🅰 景洪市内打的可前往
💲 免费
🕐 周二至周日 8:00—11:30，14:30—21:30

交通

飞机 / 西双版纳嘎洒国际机场

　　嘎洒机场位于景洪市西南部，距离市区约 5 千米，目前开通有昆明、上海、天津、成都、重庆、丽江和大理等城市的直达航班。

🏠 景洪市西南部嘎洒镇

📞 0691-2159129

🅰 市区乘 4 路、Z66 路、专 68 路公交均可到达

美食

酸角糕

　　酸角糕以云南热带雨林珍果——酸角为主要原料，采用特殊的保香护色技术加工，酸甜爽口，回味无穷，真正的绿色健康，无任何添加剂、防腐剂和色素，保留了原果原有的风味而又不破坏原果的营养价值。酸甜味道符合大众口味，能促进肠胃消化，去除口气，也可清暑热、化积滞，治暑热食欲不振、妊娠呕吐、小儿疳积，解酒护肝，补钙。老幼四季皆宜，被人们称为"可以嚼着吃的果汁"。

香茅草烤鱼

　　香茅草烤鱼是一道具有傣族风味的菜。将洗净的鱼裹上味道芬芳的香茅草，放在火上烤的同时抹上一层油光光的猪油，这样烤出来的鱼色泽更鲜艳，自然也更加入味。最具特色的是在鱼肚内放入傣家特制的酱料。一般在夜市大排档都能吃到。

森瓜饭

　　森瓜饭是西双版纳经典民间小吃的代表，很多中老年人到了西双版纳以后都会对吃过的森瓜饭赞不绝口。准备黑米和白米一小碗，黑米白米的比例是 1:1(黑米不易熟，要提前浸泡一夜)，将米和水果蔬菜丁混合，加上食用油和盐，调和

均匀，倒入木瓜船中，加适量水（加满至不溢出即可），蒸 45 分钟左右即可。

芭蕉花炒肉

芭蕉花炒肉是西双版纳当地餐桌上常见的一道菜。将芭蕉花剥取外层花瓣，花心在沸水里烫过后切丝，加入食盐揉捏备用，剁碎的猪肉和姜、葱、朝天椒等入锅翻炒，再放入芭蕉花炒几下就好了。芭蕉花的韧口与肉的香味相得益彰，口感很棒。

酸笋煮鱼

酸笋煮鱼是傣族的一道名菜。酸笋采用的是夏天破土而出的嫩竹，去外壳切成丝，加入盐巴、辣子等腌成酸味。在油锅里翻炒几下后加入适量的水，水煮开后方可放入鱼肉一起炖煮。酸笋与鱼搭配，可以去掉鱼的腥味，同时也能提鲜。酸香可口，非常开胃，可以说是来西双版纳必吃的菜品。

柠檬凉粉

柠檬凉粉是消暑的良品，具有傣族风味，取自西双版纳的青柠檬，个头小小的，外皮青绿，汁多味酸。和爽滑的米粉搭配在一起，清凉爽口。一碗的份量也不小，可以两人点一份，味道极佳。

菠萝紫米饭

菠萝紫米饭是西双版纳的特色美食。需要一整只菠萝，去掉柄和过长的尖叶，并切掉顶端的菠萝盖，取出菠萝心，将紫糯米浸泡 7 小时后放入菠萝壳里，盖上菠萝盖后煮到香气扑鼻即可。菠萝的酸、甜与紫糯米的软、糯相结合，米饭中掺着菠萝香味，吃起来清甜爽口，并含有高营养价值，有补血之效。

香竹烤饭

香竹烤饭是西双版纳傣族的名品，清香浓郁，软糯洁白，形美划一，独具一格。西双版纳是滇南粮仓，主体民族为傣族，他们临水而居，是云南种植稻谷的先进民族。米碾出后，必须过筛，整粒的人吃，破碎的喂牲畜。香竹饭的烹制，要选用嫩香竹 3 节，一头留节当底，一头锯去竹节为入口。花生焙香捣碎，糯米淘洗干净，拌匀后装入竹筒，加入清水浸泡 4~5 小时，筒口用芭蕉叶塞紧。再把竹筒斜放栗炭火上（旺火）烧煮，至竹筒外表烧焦，嘭的一声将芭蕉叶塞子弹出，便可将竹筒敲裂，剥去竹皮，取出被竹膜紧紧包住的饭柱。

购物

云南茶叶

云南是茶树的发源地，云南出好茶，普洱茶、下关沱茶享誉海内外，云南的民族也有着不同的饮茶文化，云南是花的海洋，云南的花茶也是应有尽有。一些超市、茶叶市场可以买到各种茶叶，价格也很便宜。

傣族通巴

通巴即挎包，以各色手线、棉线织成。包的正面、背面及侧面织有花卉鸟兽或几何图案，包底部缀有彩穗，色泽鲜艳，做工精细，包形小巧，是深受游客喜爱的纪念性商品。

版纳地毯

版纳地毯是羊毛手工编织而成的，具有浓郁独特的民族风格，选用优质羊毛做原料，精心纺织，图案独具匠心，绚丽多彩。而且纺织工艺精良，质地紧密，经久耐用。

木碗

门巴族生活的地方，有十分丰富的竹木资源，他们特别擅长竹篾藤条的编织工艺。竹方盒、竹斗笠、藤背篓、竹筐等制品坚固耐用，工艺精美。特别是他们制作的传统手工艺品——木碗，别具一格，夺目生辉。

傣锦

傣锦是一种古老的纺织工艺品，以织工精巧、图案别致、坚牢耐用和富有浓郁的民族风格著称。它有各种珍禽异兽的动物图案、五谷花卉和几何纹图案等。

住宿

说到西双版纳的住宿，就不得不提告庄西双景，这是个很不错的风情园区，里面有很多特色客栈、酒店和餐厅店铺等，靠近湄公河，夜市极有特色。在西双版纳，住在这儿是个不二选择。

F 滇西南

◎和顺古镇 ◎腾冲热海温泉
◎火山地热国家地质公园
◎银杏村 ◎莫里热带雨林
◎一寨两国 ◎姐告口岸

西南边城

滇西南地区冬春天气晴朗，气候暖和，夏秋晴雨相兼，气候凉爽怡人。全年降水集中，干湿季分明。

和顺古镇 春夏适宜

和顺古镇始建于明代，因小河绕村而过故名"河顺"，后文人雅士取"士和民顺"之意而更名为"和顺"。和顺古镇是云南省著名的侨乡，更是茶马古道重镇、西南丝绸之路的必经之地。古镇建筑环山而建，从东到西渐次递升，绵延两三千米，一座座明清时期的祠堂、牌坊、古宅遍布古镇，镇子前一马平川，清溪绕村，垂柳拂岸，一派和谐的田园风光。镇内主要景点有滇缅抗战博物馆、中天寺、弯楼子、刘氏宗祠、艾思奇纪念馆、文昌宫和和顺图书馆。

🏠 保山市腾冲市区西南 4 千米处
🅰 腾冲西部客运站、机场均有公交可到景区
Ⓢ 55 元
🕐 全天开放

片区景点：千手观音古树群

和顺古镇自然生态优越，镇内树龄在百年以上的古树名木有近百棵，位于和顺张家坡的千手观音古树群颇具特色，古树群由七棵拔地参天的百年古樟树组成。其中五棵沿一直线而列，近观如绿色华盖，擎天巨伞，远望似千支手臂向四周展开，神似传说中的千手观音。

🏠 保山市腾冲市和顺古镇
🅰 和顺古镇附近步行可达
Ⓢ 包含在和顺古镇的门票内
🕐 全天开放

周边景点：叠水河瀑布

　　大盈江从北向南贯穿腾冲，在流经腾冲市西时，遇到巨大的断层崖，水流从 46 米高的崖头跌下深潭，响声雷动，水花四溅，形成了"不用弓弹花自散"的壮丽景观，河水仿佛被叠为二折，俗称叠水河瀑布。瀑布之上，有三座山峰耸立。瀑布之上山峰之间有一座石桥横跨江上，名为太极桥，建于民国时期，工艺奇特，旁边有座石亭，匾刻"观瀑"二字，故名观瀑亭。从亭上看过去，桥下激流奔涌，雪喷云飞，如银河倒泻，在阳光下常现出七色彩虹，蔚为奇观。

🏠 保山市腾冲市区以西 1 千米
🚍 乘 10 路公交叠水河站下
💲 10 元
🕐 全天开放

周边景点：绮罗古镇

　　绮罗古镇不仅是全国著名的"文明之乡"，还是风光秀丽、景色如画的旅游之地。狭窄的石板路上，两旁是普通的农舍和没落的宅院，一个弯后，豁然开朗的一片天地

便会展现出来。小桥、流水、古树和那些青砖、绿瓦、重檐式的辉煌建筑，构成了一幅宁静和谐的画面。

🏠 保山市腾冲市城郊
Ⓐ 乘 2 路公交在绮罗村下车
Ⓢ 免费
🕐 全天开放

腾冲热海温泉 春夏适宜

腾冲热海温泉俗称热海，热海景区内气泉、温泉群共有 80 余处，到处都可以看到热泉在呼呼喷涌，景区内雾气氤氲。热海温泉水质软、温度高、矿化度高，在这里泡温泉，对身体极为有益。景区中最吸引人的是"热海大滚锅"，这是一个直径接近 6 米的圆形温泉池，水温约 96℃，断不可贸然入水，看看就好。池边有当地人售卖用大滚锅煮出来的鸡蛋，用稻草串成一串，可以尝尝。热海景区目前开放有两处泡温泉的地方——浴谷和美女池，都需要另行收费。

🏠 保山市腾冲市清水乡
Ⓐ 腾冲旅游客运站有发往景区的旅游专线车
Ⓢ 成人 60 元；热海浴谷温泉 288 元，热海美女池温泉 288 元
🕐 8:00—19:00

片区景点：热海怀胎井

怀胎井，位于热海澡塘河右岸上。怀胎井又名龙凤井，为处于同一水平面的两个泉眼，出水温度 88℃，流量 0.02 升 / 秒，周边 12 方石栏，刻有十二生肖图案。其水富含多种微量元素及水氡，有调节神经系统兴奋、抑制心理平衡作用，还有促进新陈代谢、舒张血管、调节内分泌等作用，有"神奇妙方"之誉称。

🏠 保山市腾冲市热海景区内
Ⓐ 热海景区附近步行可到
Ⓢ 包含在热海景区门票内
🕐 8:30—17:30

片区景点：蛤蟆嘴

蛤蟆嘴在热海公园澡塘河瀑布的崖上，水温高达 95.5℃，属动脉式喷泉。由于长期沸喷，钙华体形成蛤蟆嘴形状的喷水口，沸水向澡塘河斜射，射程 1.5米，像只栩栩如生的蛤蟆在悠闲地吞云吐雾，并伴有呼呼如鼓喉的声响。

- 🏠 保山市腾冲市热海景区内
- Ⓐ 热海景区附近步行可到
- Ⓢ 包含在热海景区门票内
- 🕐 8:30—17:30

周边景点：国殇墓园（滇西抗战纪念馆）

国殇墓园位于腾冲市区西南的叠水河畔、来凤山北麓，是为纪念收复腾冲的中国远征军第二十集团军阵亡将士而建的墓园，目前是中国规模最大、保存最完整的抗战时期正面战场阵亡将士纪念陵园。来这里的人，凭吊的不仅是逝去的亡灵，更是一段悲壮的历史。落成于 1945 年的墓园由忠烈祠、纪念塔、烈士冢等组成，碑上刻有阵亡将士的姓名、籍贯、军衔、职务。墓园里的忠烈祠则为古代祠堂风格建筑，里面收藏着数块石碑和历史照片，记载着那段令人伤怀的历史。

- 🏠 保山市腾冲市区西南
- Ⓢ 免费
- 🕐 9:00~17:00，周一全天闭馆调整，法定节假日、重要纪念日照常开放

火山地热国家地质公园 春季适宜

拥有 97 座火山遗址的腾冲是探索火山地貌的最佳目的地，其中腾冲的火山地质公园是欣赏火山地质风貌的绝好去处。火山地质公园景区主要包括大小空山、柱状节理和黑鱼河三部分。大小空山都有阶梯直到山顶，小空山火山口四周建了一条木栈道，可以绕火山口走一圈，还可以沿着游人踩出来的小路下到山顶。早上，可以选择乘坐

热气球，从另一种角度俯瞰密布原野的火山口。柱状节理是火山地区特有的地貌，从柱状节理停车场下车，沿着栈道步行，两边的山坡上像挂满了大屏风似的，便是棱角分明的石头柱子群。黑鱼河是两条地下暗流汇聚而成的河流，因为河中有小黑鱼而得名。

🏠 保山市腾冲市马站乡
🚍 腾冲客运站有专线车直达公园
💲 景区内观光电瓶车单程 10 元一人，往返 15 元；热气球 200 元 10 分钟
🕐 8:00—18:00

片区景点：小空山

小空山因腾冲地处印度板块和欧亚板块急剧聚敛的结合线上，地下断层发育，岩浆活动十分剧烈而形成。小空山高仅五十来米，但火山口却大得出奇，直径一百五十米有余。浑圆的锥体空空洞洞，看似无物，却盛满了大自然的无穷奥秘。云南腾冲第一届火山热海文化旅游节的空中定点跳伞表演，降落目标便是小空山的火山口底部，其气流旋升多变，蔚为壮观。

🏠 保山市腾冲市马站乡火山地热国家地质公园内
🚍 火山地热国家地质公园内可步行到达
💲 门票已包含于火山地热国家地质公园内

片区景点：柱状节理

柱状节理是火山爆发时喷出的未露于地表的岩浆冷凝后形成的柱状结晶，当地人则形象地叫它"神柱"。"神柱"是我国迄今为止发现的一片规模最大、保存最完整、年代最短的柱状节理。这片柱状节理，面积约2平方千米，形成于约4万年前。一根根数十米长的石柱，颇为壮观。这一火山地质奇观的完好存在，不仅为当地增添了一处独特的旅游景观，同时对于研究火山的岩浆生成和地质构造有重要科学价值。

🏠 保山市腾冲市马站乡火山地热国家地质公园内
Ⓐ 可乘景区内电瓶车到达
Ⓢ 门票已包含于火山地热国家地质公园内

片区景点：黑鱼河

黑鱼河位于腾冲火山公园的黑鱼河峡谷，与火山胜景柱状节理毗邻。黑鱼河是在熔岩流的作用下，堵塞地下水脉使其露出地表而成的。黑鱼河是腾冲最大的低温温泉，一年四季清澈见底，而且流量不减，其中两股水流各有特色，一股哗哗欢跳着涌入龙川江，另一股则羞羞答答像个少女，出洞后形成一潭温柔的泉水。两股泉水汇入龙川江，在夏季的洪水暴发期，江中会形成清浊分明的两样江水，别有一番景致。

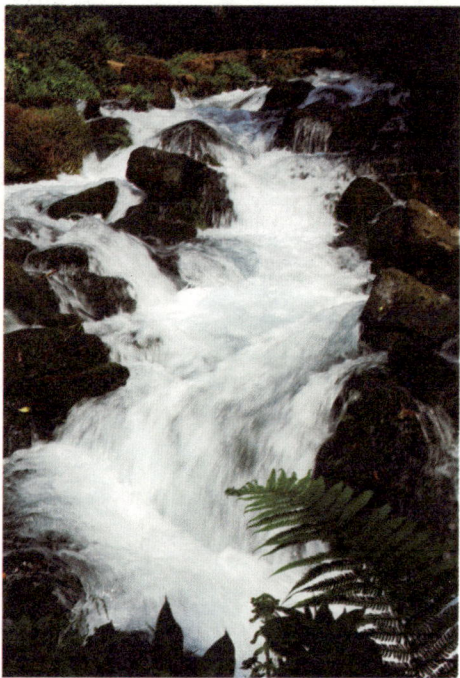

🏠 保山市腾冲市马站乡火山地热国家地质公园内
Ⓐ 可乘景区内电瓶车到达
Ⓢ 门票已包含于火山地热国家地质公园内

银杏村 秋季适宜

　　腾冲古银杏村11月中旬至12月初为最佳观赏期。除具有古老和天然连片等特色外，还有一个最大的特点就是"村在林中，林在村中"。村民的房屋错落有致地分布在空地的四周，在房前屋后，到处都有大大小小的银杏树。银杏村的银杏树，古老而古朴，无声无息，隐于群山环抱，现于农庄炊烟之间。与云南大学校园中银杏树相比没有太多人的打扰，没有太多的俗气，更没有丝毫的商业气息。

🏠 保山市腾冲市固东镇
🅰 在腾冲西门车站乘坐到固东镇的中巴，到达固东集镇后有转江东的中巴车
💲 免费
🕐 全天开放

莫里热带雨林 春秋冬皆宜

　　莫里热带雨林以其秀丽奇异的自然景观和佛教圣地名闻遐迩。莫里热带雨林景区内有一块囤箩石，在它倾斜于地面的岩壁上嵌有一个巨型"足印"，趾掌清晰可辨，这就是在东南亚佛教界享有盛名的佛脚印。大佛寺每逢佛教节日，香客络绎不绝。温泉池可

以随意游玩，无需另行收费。沿着弯曲的扎朵河蜿蜒前行，两边茂密的热带植物遮天蔽日，其中不乏大叶榕、七叶莲、"森林魔王"绞杀藤以及有"亿万年活化石"之称的树蕨等珍稀植物。在遮天蔽日的雨林中穿行，看着两边各种稀奇的热带植物，可以感受夏日的清凉。

🏠 德宏州瑞丽市东北部 302 国道边莫里峡谷内
🅰 瑞丽综合客运枢纽站乘 4 路附 1 路到莫里景区路口下
Ⓢ 35 元
🕐 8:30—18:30

一寨两国 春秋冬皆宜

瑞丽市有一个世界少有的边境人文地理景观小寨——银井。有名的中缅边境 71 号界碑矗立寨中，国界线从该寨中央蜿蜒划过，是个典型的"一寨两国"边境地区，从

瑞丽至弄岛的公路将同一傣族村寨一分为二，中方一侧的称为银井，缅方一侧的称为芒秀。寨中的国境线以竹棚、村道、水沟、土埂为界，因此，中国的瓜藤爬到缅甸的竹篱上去结瓜，缅甸的母鸡跑到中国居民家里生蛋便成了常有的事，边民们每月数十次穿越神圣的国境线而浑然不觉。寨子里的老百姓语言相通、习俗相同，他们同走一条路，共饮一井水，同赶一场集，和睦相处。

🏠 德宏州瑞丽市中缅边境南段 71 号界桩侧
🅰 瑞丽 1 路公交银杏村下
💲 39 元
🕒 8:00—19:00

周边景点：喊沙村

　　喊沙村是瑞丽市勐卯镇一个古朴的傣族村落，座座竹楼掩映在凤尾竹和榕树群之中，居住在村子里勤劳的傣族人民日出而作日落而息，整个村子被广袤的田野所包围。如今的喊沙村，金色大气、夺人眼球的寨门伫立在瑞丽城区通往弄岛镇的道路旁，顺着寨门往里走，村子道路的两旁建盖起了座座竹楼，平整的水泥块道路向村子深处尽情延伸。

🏠 德宏州瑞丽市
🅰 瑞丽 1 路公交喊沙村下
💲 免费
🕒 全天开放

姐告口岸 春秋冬皆宜

　　姐告口岸为国家级的边贸口岸，是中国对缅贸易陆路通道最繁忙的地区之一，国门对面是缅甸木姐镇。姐告口岸有三座宏伟建筑，依边境而建，中间为主国门，右边为货物通道，左边为人员通道。在主国门旁边有免税店，旅客可按规定购买进口商品。

🏠 德宏州瑞丽市姐告路

🅰 瑞丽 3 路公交可到

⑤ 免费

🕐 全天开放

周边景点：瑞丽江

　　瑞丽江，傣语称为南卯江，意为"白雾笼罩的河"，发源于腾冲内高黎贡山西侧的分水岭，最后流入缅甸境内，汇入伊洛瓦底江。瑞丽江在瑞丽境内长 53 千米，宽100~200 米，两岸坝子平坦，土地丰肥，气候温暖湿润，是十分富饶的傣家鱼米之乡。顺江面漂流，可以饱览别具一格的中缅两国傣族村寨及缅甸的木姐镇和南坎县。

🏠 德宏州瑞丽市

🅰 姐告口岸附近步行可到

⑤ 免费

🕐 全天开放

交通

飞机 / 保山机场

保山机场位于保山市南郊，距离保山市区 9 千米，每天有多次航班往返昆明。

🏠 保山市南郊
📞 0875-2232209
🅰 市区的永昌会堂有往返机场的专线车

飞机 / 腾冲机场

腾冲驼峰机场距腾冲市区约 10 千米，是距离国境线最近的民用机场之一。机场已经通航云南、上海、成都、大理、广州、丽江、重庆，其中与昆明每天有七趟往返航班。

🏠 腾冲市区外的清水乡驼峰村
📞 0875-5198866
🅰 可在旅游客运站乘坐机场公交专线往返机场

飞机 / 德宏芒市机场

德宏芒市机场位于德宏州芒市坝子中部，距离市区 6.5 千米，有飞往上海、广州、深圳、成都、西安、云南、昆明等地的航班。

🏠 德宏州芒市
📞 0692-2934651
🅰 市区乘 12 路公交可往返机场

美食

大救驾

　　大救驾是腾冲最出名的小吃之一，是炒饵块的一种。将饵切成菱形状，加入火腿片、鲜肉片、鸡蛋、西红柿和豌豆尖等入锅爆炒，起锅前加入香料。色泽金黄，油而不腻，口感很好，这种吃法在腾冲非常普遍，正餐的餐桌上也有它。

土锅子

　　腾冲土锅子用的是烧制的土陶火锅，讲究慢火慢煮。以鸡肉和排骨熬成鲜汤作为锅底，青菜、芋头、红苕、黄笋等为主配料，上铺一层泡皮，一样样铺上去，最后将蛋卷铺在上面，撒上葱花点缀。火锅的造型非常美观，每一种食材都能保持原汁原味，味道又很醇厚。

棕包

　　腾冲棕包又称小米，是棕包树上长出的未开放的花穗。吃法有两种，炒吃和煮吃。炒吃法是将棕包米洗净切碎，配上瘦肉丁和胡萝卜丝、腊腌菜一并炒熟，色泽鲜艳，味道可口。煮吃法也是把棕包米洗好切碎放入清汤里煮熟，佐以干腌菜、糊辣椒和捣姜块、葱白、芫荽，其味酸中有苦，苦中回甜，有驱寒泄热的功效，食后浑身松爽。

大薄片

　　大薄片是滇西的名菜，需要将煮熟放凉的猪肉片切成薄片状，再配上各种调制好的佐料。色泽光亮，具有咸、酸、辣、麻、香多种滋味，入口滑嫩，嚼起来劲道十足，回味无穷。

火烧乳猪

　　火烧乳猪是傣族群众待客的一道上等菜。要选用德宏小耳猪，皮薄、肉质细嫩，最好半年左右的小猪，去内脏，塞入调料后用竹篾缝合，用文火烧烤，烧到焦黄冒油时，边烧边用刀将皮刺破，洒上湿稻草灰，再用火烘烤，待散发肉香时即可切片入席。食用时要配傣味蘸水碟。

饵块

饵块为云南特有，是腾冲最著名的小吃之一，也是昆明和大理地区常见的传统食品之一。饵块是用优质大米加工制成，其制作过程是将大米淘洗、浸泡、蒸熟、冲捣、揉制成各种形状。一般分为块、丝、片三种。制作方法烧、煮、炒、卤、蒸、炸均可，风味各异，久食不厌。云南十八怪中就有一怪：米饭饼子烧饵块。

小鸡煮稀饭

小鸡煮稀饭，是佤族普及面最广、节庆或待客的最佳粥品。佤族地处云南边境山区，聚族而居，民风古朴，尊老爱幼，待客如宾。食俗粥上桌后，鸡头必须昂立粥中，由主人将鸡头献给最尊贵的客人或年长的老人。客人应笑脸相接，不能拒绝，亲口品尝。吃此粥时，必饮佤族传统水酒，其乐融融。小鸡煮稀饭五味俱全，鲜甜滋润，饭菜合一，滋补强身，尤宜老幼体弱者食用。有养肝、滋阴降火，增加奶汁的功效。

购物

腾冲宣纸

腾冲宣纸不失为上好的书画用纸，并受到书画界的推崇。徐悲鸿大师曾称赞说，腾宣不仅有头宣（宣城纸）种种长处，而且还有一个头宣所没有的好处——作画后别人无法偷揭，故他认为作画用腾宣是一个很好的选择。

红花油茶油

腾冲红花油茶油澄清透明、耐储藏、易消化，且富含维生素 E、山茶苷、油酸和亚麻酸。

腾冲农民画

腾冲农民画是20世纪70年代在群众性绘画活动中产生并形成的，以傣族、傈僳族、佤族等民族为作者为创作主体，民族特征十分鲜明。其整体艺术水平已不低于我国著名的上海金山、陕西户县农民画。

翡翠

云南由于与缅甸接壤，缅甸翡翠在这里很出名，腾冲、瑞丽一带都有很多玉石交易市场。同时，云南宝玉石资源储量、品种也都很丰富，是业内人士公认的"翡翠之乡"。如果对此感兴趣，不妨到这些地方走一走，在饱览美景的同时，也选一块心仪的美玉带回家。但旅游景点商品多鱼龙混杂、真假难辨，应注意甄别。

小粒咖啡

小粒咖啡是西双版纳的重要咖啡品种，浓郁而香醇，入口有一种特有的回甘，与其他热带地区出产的咖啡有所不同。

住宿

滇西南地区旅游以腾冲和瑞丽为主。在腾冲住宿有两种选择，一种选择住在腾冲城里，住宿条件较好，价格也稍微贵一点；另一种选择是住在和顺古镇里，这里有青年旅舍和许多小旅馆、客栈等，非常适合背包族，价格也相对便宜一些，旅游旺季价格会有浮动。瑞丽住的地方很多，星级酒店、特色酒店、民宿等应有尽有，价格也不等，可以根据自己的需要进行选择。

图书在版编目（CIP）数据

云南四季旅行/《亲历者》编辑部编著. — 3版. —北京：
中国铁道出版社有限公司，2024.5
ISBN 978-7-113-30615-1

Ⅰ. ①云… Ⅱ. ①亲… Ⅲ. ①旅游指南–云南 Ⅳ.①K928.974

中国国家版本馆CIP数据核字（2023）第190147号

书　　名：**云南四季旅行**
　　　　　YUNNAN SIJI LVXING
作　　者：《亲历者》编辑部

责任编辑：孟智纯　冯彩茹　　　　编辑部电话：（010）51873697
责任校对：刘　畅
责任印制：赵星辰

出版发行：中国铁道出版社有限公司（100054，北京市西城区右安门西街8号）
印　　刷：番茄云印刷（沧州）有限公司
版　　次：2017年2月第1版　2024年5月第3版　2024年5月第1次印刷
开　　本：660 mm×980 mm　1/16　印张：13.5　字数：280千
书　　号：ISBN 978-7-113-30615-1
定　　价：59.80元